本书系国家社科基金重大项目“中国高等体育教育发展进程与改革”
（项目编号：15ZDB147）阶段性成果

近代中国高等体育教育
发展历程研究

张艺琼■著

北京体育大学出版社

策划编辑：王英峰
责任编辑：王英峰
责任校对：孙　静
版式设计：久书鑫

图书在版编目（CIP）数据

近代中国高等体育教育发展历程研究 / 张艺琼著
. -- 北京 : 北京体育大学出版社, 2021.6
ISBN 978-7-5644-3121-1

Ⅰ. ①近… Ⅱ. ①张… Ⅲ. ①高等学校－体育教育－教育史－研究－中国－近代 Ⅳ. ①G812.5

中国版本图书馆 CIP 数据核字（2021）第 107303 号

近代中国高等体育教育发展历程研究　　张艺琼　著
JINDAI ZHONGGUO GAODENG TIYU JIAOYU FAZHAN LICHENG YANJIU

出版发行：北京体育大学出版社
地　　址：北京市海淀区农大南路 1 号院 2 号楼 2 层办公 B-212
邮　　编：100084
网　　址：http://cbs.bsu.edu.cn
发 行 部：010-62989320
邮 购 部：北京体育大学出版社读者服务部 010-62989432
印　　刷：唐山玺诚印务有限公司
开　　本：710mm×1000mm　1/16
成品尺寸：170mm×240mm
印　　张：12.75
字　　数：158 千字
版　　次：2021 年 6 月第 1 版
印　　次：2021 年 6 月第 1 次印刷
定　　价：88.00 元

序

当前我国高等教育已经呈现出稳定、协调的发展态势，但毋庸置疑，如今所取得的成果来源于历史的积淀，在迂回曲折的高等教育发展历程中去粗取精、不断探索，是中国几代人共同努力的结果。在一个世纪的发展历程中，中国高等体育教育为国家的发展、民族的振兴和体育事业的发展做出了巨大贡献。随着中国体育事业的发展，中国逐渐由体育大国向体育强国迈进，创建世界一流的体育大学和高水平的高等体育专业院校，发展一批世界一流的体育学科，是发展体育强国的必由之路。

自 1999 年中国高等教育扩招以来，中国高等体育教育专业招生人数也在不断增加，这为更多的人提供了接受高等教育的机会，在一定程度上促进了社会教育和体育事业的发展。但是随着高等体育教育招生数量的增加，中国高等体育教育领域中存在的困难和矛盾逐渐突显出来，如体制下高等体育教育的办学特色弱化和教学质量下降、专业设置和人才培养模式滞后于社会发展需要、管理体制机制效率不高等。中国高等体育教育发展困境不禁会使我们反思高等体育教育的历史经验和教训，正所谓“观今宜鉴古，无古不成今”，历史与现实不可割断，要解决好当前高等体育教育改革的问题，需要回顾和总结高等体育教育发展的历史、经验和教训，追溯历史发展中所存在的正确的教育观和教育理念，古为今用，以古警今。

张艺琼博士所著的《近代中国高等体育教育发展历程研究》系国家

社科基金重大项目“中国高等体育教育发展进程与改革”背景之下选取近代这一特殊的历史阶段进行研究所取得的阶段性成果。它首先对近代中国高等体育教育进行概念界定和历史阶段划分；进而从社会背景、高等教育发展情况及体育事业发展情况三个方面论述了各个历史阶段我国高等体育教育的背景，从高等教育制度、机构设置、办学宗旨、课程设置、师资力量与学生情况等方面分析各个时期我国高等体育教育发展的概貌，并评析各个时期高等体育教育发展的特点及历史意义，对历史意义的评析具体从对近代社会发展的意义、对近代体育发展的意义及对整个近代高等体育教育发展历程的意义三个方面来进行；最后审视近代中国高等体育教育发展历程中的流变特征与影响因素，反思近代中国高等体育教育发展历程中的经验与教训。

中国的近代时期是指1840年鸦片战争爆发到1949年中华人民共和国成立。在我国高等体育教育发展史上，近代时期是一个非常重要的阶段，该时期高等体育教育从萌芽到探索，经历过模仿日本和模仿美国，后来逐渐形成体系，尽管经历过困难时期但仍为中华人民共和国成立后的高等体育教育发展创造了条件。在这一阶段的发展中，借鉴国外的经验、严格的招考和培养制度、促进人的全面发展的课程设置等都对当代我国高等体育教育发展有重要的借鉴意义。希望本书的出版可以为今后我国高等体育教育的发展，尤其是世界一流体育大学的创建和高水平高等体育专业院校的发展贡献一份力量，助力我国由体育大国向体育强国迈进！

池建

2021年6月8日

于北京体育大学颐清园

自 序

本书系在笔者博士论文基础上改编完成，出版之际已距博士毕业近四年。笔者是在导师池建教授国家社科基金重大项目“中国高等体育教育发展进程与改革”背景之下选取了近代时期这一历史阶段进行研究。坦言之，在此之前笔者对于历史的了解仍停留在校园课堂历史课本所及，但是《近代中国高等体育教育发展历程研究》这一题目涉及历史学、高等教育学、体育学、社会学等多学科的知识，写作的过程更是学习的过程。

笔者在查阅大量资料踏入近代这个大门之后便深深被其吸引，时而是内忧外患的无力感，时而是艰苦卓绝的使命感，时而惊叹前人的智慧，时而感恩现在的一切。写作之初笔者并没有太多相关方面的方法论积累，便将自身置于读者的位置去思考，感受到关于这一时期的高等体育教育最想了解的是其原本的模样。20世纪八九十年代有多位体育界前辈系统梳理并丰富了中国近代体育史的资料，也成为本书的重要资料来源之一。正如荣高棠先生为《中国近代体育史》一书问世的祝词中所言，近代时期是“中国人民饱受帝国主义、封建主义欺凌压榨的时期，是中国灾难深重、历经沧桑的时期；但也是中国逐步接受西方文化，包括西方体育的时期。因此，这个时期的体育在整个中国体育史上仍然占有重要的地位，显示出它独自的特点。……人类之所以变得越来越聪明，重要原因之一就是他能够不断吸取前人的经验——正面的和反面的经验。研究历史，学习历史，就是吸取前人的经验。从这个意义上讲，学习历史是我们每个人毕生不能停止的活动”。近代中国高等体育教育处于这一特殊的历史背景下自然也有其时代和发展特点，然收集到的资料多为通史，学校体育只是其中一个方面，具体到高等体育教育的资料更是微乎其微且内容仅集中于某几所高校。其鲜少被涉及的一个重要原因就是对近代初期高等体育教育的高等性一直没有统一的界定，学者们或是以尽可能宽泛的定义方式来体现其对不同情况的包容性和概念的稳定性，或是结合具体研究进行更为详细的界定，本书亦不例外。

本书唯愿能够抛砖引玉，一方面期望可以在关于近代中国高等体育教育方面的研究上取得一些微小突破，另一方面，近代中国高等体育教育的资料鲜少一直是笔者写作过程中的痛点，也因此毕业后仍未停止过对相关资料的找寻，在工作余暇近水楼台去旁听过历史系教授关于近代史资料收集和写作的课程，史与论的关系、求真与讲理的把握让笔者如沐春风，更加钦佩前辈所取得的研究成果，然吾之学识尚有限，期望可以通过拙作呼吁学界更多关注到这一斑驳特殊的历史时期和研究对象，从而可以更全面、更深刻地挖掘其历史和时代价值。

本书的完成于笔者而言，是一段时光的记载，它见证了笔者在北京体育大学求学路上的懵懂与成长、遇见与别离，遇见了最最尊敬的老师和最最亲爱的同学和朋友，它见证了笔者写作过程中的矛盾与坚持、茫然与豁然。笔者也曾有过写自己最熟悉的内容和选择新领域间的徘徊，但坚持之后的收获，它不仅仅是一个题目、一篇论文或是一本书，更是一种看待问题的视野和高度，解决问题的思路、方法和态度，是身处其中的责任感。总而言之，路漫漫其修远兮，吾将上下而求索！

成书之际要感谢的人有很多，感谢导师池建教授和毕仲春教授，桃李不言下自成蹊，何其有幸在北京体育大学求学路上遇见两位恩师；感谢前辈先贤的研究成果，在访谈的过程中有幸目睹过几位大家的风范，有些仅拜读过作品，感谢他们在学术道路上的前赴后继；感谢王英峰师兄在出版过程中反复耐心地给予帮助指导和编辑老师们认真仔细的校对和修改，感谢每一位提出修改意见、建议和帮助的老师、同学，感谢我亲爱的爸爸、妈妈和妹妹！

2021 年 5 月 7 日

于复旦大学文科图书馆二楼

目 录

第一章

概　论

19 世纪 40 年代，中国的大门在西方列强的坚船利炮下被打开，中国进入了半殖民地半封建社会。救亡图存几乎伴随了中国社会近代化的整个过程。在中国人民探索救亡自强道路的过程中，体育成为强国的一种手段在 19 世纪末 20 世纪初被大力宣扬。随着近代学制的建立及对学校体育普及的要求，产生了最早对体育教师的需求。近代中国高等体育教育由此萌芽，在社会的变革、近代西方体育的引入及高等教育制度的发展中逐渐走向相对成熟。

中华人民共和国成立后的高等体育教育在经历了 1952 年院系大调整后形成了分属两个系列的局面：一种是单独设置，包括体育大学和高等体育学院；另一种是综合大学和师范大学中设置的体育院系。这两个系列各自在国家战略需要、教育发展需要和体育发展需要中形成了不同的分工及办学定位。然而，在发展过程中随着外界环境的变化，办学遇到了不同的问题和困难。比如，竞技体育举国体制的形成对最初以培养优秀竞技体育人才为主要任务的单独设置的体育院校形成了冲击；在综合性大学体育院系中出现了专业设置重复、狭窄导致就业率低的问题；高等教育大众化、普及化发展使得高等体育教育办学都在拓展新兴学科专业、扩大招生规模，在自我生存与发展的选择中遇到了办学特色弱化和办学质量下降的问题，此类种种。

在我国高等体育教育发展史上，近代时期是一个非常重要的阶段，该时期高等体育教育从萌芽到发展，逐步形成了体系，为中华人民共和国成立后的高等体育教育创造了条件。历史是一条割不断的绳索，对历史经验的借鉴与反思往往是解决现实问题的一种必要方法。现代高等体育教育遇到的些许困惑不禁使人们反思高等体育教育是如何产生和发展的，曾经遇到哪些困难及是否得到解决，又产生了哪些经验与教训，高等体育教育发展的规律是什么，现代高等体育教育遇到的问题与困难是否能在近代高等体育教育的发展中找到踪迹，等等。然而，目前有关近代中国高等体育教育整体发展脉络的梳理仍是一个需要填补的领域。

高等体育教育发展的历史，既是教育史的组成部分，又是体育史的有机构成部分，高等体育教育发展历程研究的不足无疑会影响到教育史和体育史的完整性、丰富性。在教育史中，高等教育史已经取得了丰硕的研究成果，但即便如此，高等教育史仍然存在诸多问题和空白点，比如，相较于高等教育史中与近代中国工业、农业、法政等有关的研究所处的显赫地位，与近代中国艺术教育、体育教育等有关的研究处于明显不足的状态。近代中国高等体育教育作为近代中国文化的重要部分，虽然无法像工业、农业那样对社会经济产生直接的影响，但是对近代社会的发展进步起到了独特的作用。而在体育史研究中，虽然有关体育教育的研究众多，但大都集中于学校体育的研究，涉及高等体育教育的研究大都失之简略。正因如此，在理论方面，对近代中国高等体育教育发展历程的研究将在一定程度上改善教育史和体育史中高等体育教育历史研究薄弱的现状，这对丰富教育理论和体育理论等都具有十分重要的意义。在实践方面，对近代中国高等体育教育发展历程的梳理与研究成果可以为学校、政府和其他决策部门提供依据和参考。高等体育教育是我国从体育大国向体育强国迈进的重要力量。2016年教育部又提出了“双一流”建设阶段性目标，这为高等体育教育的建设和改革指明了方向。对近代中国高等体育教育发展脉络的梳理与总结，不仅可以为高校在实现“双一流”的过程中提供依据和参考，还可以为国家层面进行高等体育教育的战略决策和布局提供历史参考。

本书通过国家图书馆、北京体育大学图书馆、晚清期刊及民国时期期刊全文数据库、中国近代报刊数据库等途径收集和查阅中国近现代教育史、高等教育史、体育史、学校体育史等相关著作及与近代中国高等体育教育思想、制度、实践、人物、事件等有关的文献资料和史料档案，来对近代中国高等体育教育发展历程进行全面的考察与分析。在收集历史资料的基础上，本书将近代中国高等体育教育发展划分为若干个历史阶段，选取最典型的材料和证据来说明近代时期高等体育教育发展的内容与变化，客观评价近代中国高等体育教育在各个阶段的特征及历史意义，从而进一步发现其特征与规律。在理论研究的基础上，本书作者通过与高等体育教育相关专家、体育史研究方面的专家及高等教育研究相关老师，包括北京体育大学杨桦教授、北京体育大学池建教授、首都体育学院钟秉枢教授、苏州大学王家宏教授、沈阳体育学院李杰凯教授、华南师范大学谭华教授、国家体育总局体育文化发展中心崔乐泉研究员、北京体育大学王华倬教授、北京体育大学刘昕教授等，进行当面访谈，主要就本书的研究思路与价值、资料的收集及目前高等体育教育存在的问题等方面进行请教和探讨，并最终确定了以下研究思路：

第一部分，对近代中国高等体育教育进行概念界定和历史阶段划分。

第二部分，论述各个历史阶段我国高等体育教育出现的背景，具体包括社会背景、高等教育发展的情况及体育事业发展的情况；分析各个时期高等体育教育发展的概貌，具体包括高等教育制度、机构设置、办学宗旨、课程设置、师资力量与学生情况等方面；评析各个时期高等体育教育发展的特点及历史意义，包括对近代社会发展的意义、对近代体育发展的意义及对整个近代高等体育教育发展历程的意义。

第三部分，审视近代中国高等体育教育发展历程中的流变特征与影响因素。

第四部分，反思近代中国高等体育教育发展历程中的经验与教训。

第二章

近代中国高等教育、近代中国体育教育研究述评

第一节　近代中国高等教育的相关研究

一、近代中国高等教育概念的有关研究

教育是一个永恒的概念，高等教育是一个历史的概念①。在不同地区、不同国度、不同的历史条件下，人们赋予它的含义是不尽相同的②。

周文佳在其博士学位论文《北洋政府时期高等教育政策研究》③中认为高等教育的概念存在狭义和广义之分，狭义的高等教育是指学校高等教育，广义的高等教育还应当包括学校高等教育之外的科学研究，并在此基础上对高等教育产生两种理解：一种是静态的、具有固定内涵的教

① 潘懋元．多学科观点的高等教育研究［M］．上海：上海教育出版社，2001：25．

② 方家峰．中国近代高等工业教育研究（1840—1927）［D］．保定：河北大学，2011：14．

③ 周文佳．北洋政府时期高等教育政策研究［D］．保定：河北大学，2013：3．

育阶段，它是指在现代教育体系形成后最高层次和级别的现代高等教育。另一种是动态的，是指在某一历史时期相对于初等教育而建立的最高教育机构，包括教育阶段较为模糊的古代高等教育。

徐振岐在其博士学位论文《民国时期黑龙江高等教育述论》[①]中对高等教育的概念进行界定时写到，中国自近代才产生现代意义的高等教育，它是指在完成中等教育的基础上进行的专业教育，是培养高级专门人才的社会活动，包括大学教育和专科教育。

荀渊在其博士学位论文《中国高等教育从传统向现代的转型——对1901—1936 年间中国高等教育变革的考察》[②]中对传统高等教育和现代高等教育进行了说明。中国传统高等教育是以太学、国子监等为代表的官学，以书院为典范的私学和以儒家经典为考试内容的科举制度的融合。通常所说的现代高等教育是至少包括以专业教育为基石的大学与同类机构形成的体系和围绕这一体系而逐步建立起来的一系列制度，以及对大学自治权和学术自由的崇尚。

王言法在其博士学位论文《近代中国高等教育与社会的嬗变》[③]中认为高等教育是一个宽泛的概念，凡是中等以上、培养高级人才的教育都属于高等教育的范畴。古代的辟雍、太学、高等级书院，近代的黄埔军校、红军大学、抗日大学，以及留学教育等都属于高等教育。

此外，还有很多关于高等教育概念的论述，在《中国大百科全书》《教育大辞典》及一些政策法规如《世界高等教育宣言》《中华人民共和国高等教育法》中也都有对高等教育概念的叙述，但这些界定的共同特

---

① 徐振岐．民国时期黑龙江高等教育述论［D］．长春：吉林大学，2013：3-4．

② 荀渊．中国高等教育从传统向现代的转型——对 1901—1936 年间中国高等教育变革的考察［D］．上海：华东师范大学，2002：12-13．

③ 王言法．近代中国高等教育与社会的嬗变［D］．济南：山东大学，2011：16．

点是除了突出高等教育的高等性外，还以尽可能宽泛的定义方式来体现其对不同情况的包容性和概念的稳定性。而不同学者通常会结合具体研究对高等教育的概念再次进行更为详细的界定。以上种种给予本研究的启示在于，高等教育在不同的历史条件下，有狭义和广义之分，有动态和静态的不同内涵，在近代时期经历了由传统向现代的转型。

二、近代中国高等教育历史阶段划分的有关研究

刘敬坤、徐宏在《中国近代高等教育发展历程回顾（上）》[①]及《中国近代高等教育发展历程回顾（下）》[②]中依据学制及高等教育法规的颁布将中国近代高等教育发展的历史划分为三个阶段：第一阶段为1902年“壬寅学制”到1912年“壬子学制”；第二阶段为1912年“壬子学制”到1929年《大学组织法》《大学规程》与《专科学校组织法》《专科学校规程》的颁布，这一阶段中国的高等教育形成了以多学科的综合性大学为第一层次，以多学科或单学科的独立学院为第二层次，以多学科或单学科的专科学校为第三层次的体系，并由单科型向综合型与研究型方向发展；第三阶段从1929年至1952年，包括全国高等学校院系调整。

唐铁寒在《探源我国近代高等教育的萌芽与发展》[③]中将我国近代高等教育的发展划分为三个阶段：第一个阶段从1840年鸦片战争到1904年“癸卯学制”的颁布，这一阶段中国近代新式高等学校的建立标志着中国近代高等教育的产生；第二个阶段从1904年到1911年辛亥革命爆发，这一阶段颁布实施的《大学学堂章程》《高等学堂章程》等基本确立

---

① 刘敬坤，徐宏．中国近代高等教育发展历程回顾（上）[J]．东南大学学报（哲学社会科学版），2004，6（1）：114-119．

② 刘敬坤，徐宏．中国近代高等教育发展历程回顾（下）[J]．东南大学学报（哲学社会科学版），2004，6（2）：115-121．

③ 唐铁寒．探源我国近代高等教育的萌芽与发展[J]．兰台世界，2011（1）：51-52．

了我国高等教育制度的框架；第三个阶段为 1911 年民国政府颁布《大学令》《专门学校令》等到 1924 年《国立大学校条例》的颁布，这一阶段新型高等教育制度得到进一步的发展与完善。

曲铁华、李娟在《中国近代高等教育的发展演变及反思》[①]中依据“西学东渐”的主要进程将中国高等教育的发展演变划分为三个阶段：第一阶段（1840—1894 年）为萌芽时期，这一时期建立的洋务学堂是中国近代第一批新式专科学校，此时西方被笼统称为“泰西”，对西方的学习没有明确的目标；第二阶段（1895—1911 年）为发展时期，这一时期颁布了新学制，明确了向日本学习的目标，高等学堂在体制规模、课程设置等方面都有了很大扩展；第三阶段（1912—1949 年）为改造时期，这一时期兴起了仿美热潮，在教育宗旨、管理方法上都向现代化迈进了一大步，确立了第一所具有现代意义的大学——北京大学。

付燕鸿在《中国近代高等教育发展的历程及启示》[②]中依据社会政治的发展将中国近代高等教育发展历程划分为四个时期：洋务运动时期是发轫时期；清末民国初年为发生重大转变时期；民国初期到抗日战争时期是拓展时期；抗日战争胜利后是学科充实和完备时期。

上述对近代高等教育整体发展阶段的不同划分是由于所依据的标准不同，比如教育政策法规、教育思想、社会政治等。除此之外，在高等教育通史和断代史的著作中也是如此，目的是使发展脉络更加明晰，比如 1994 年出版的《中国高等教育史（上册）》[③]依据高等教育发展过程中教育制度的变化及重大历史事件将其划分为中国近代高等教育的发轫、

① 曲铁华，李娟．中国近代高等教育的发展演变及反思［J］．河北师范大学学报（教育科学版），2003，5（2）：45-50.

② 付燕鸿．中国近代高等教育发展的历程及启示［J］．考试与招生，2010（3）：57-59.

③ 郑登云．中国高等教育史（上册）［M］．上海：华东师范大学出版社，1994：1-4.

京师大学堂的创立、近代高等教育制度的确立、近代高等教育的拓展、近代高等教育体制的定型化、国民政府时期的高等教育和无产阶级的新型大学；1999 年出版的《近代中国的高等教育》[①]将其划分为清末、民国初年、五四前、国民党统治初期、抗日战争时期及抗战胜利后几个阶段等。

除了对高等教育整体发展的阶段划分之外，还有对高等教育具体某一方面发展的阶段划分。比如，刘献君、房保俊在《近代中国高等教育理念的变迁及启示》[②]中将近代中国高等教育理念的发展划分为三个阶段：1898—1911 年萌芽阶段；1912—1927 年转型阶段；1928—1949 年保守阶段。陈妙玲在其硕士学位论文《中国高等教育管理体制的近代化》[③]中认为中国高等教育改革是中国高等教育管理体制近代化的直接促成因素，据此将管理体制近代化的进程划分为三个阶段：1860—1901 年萌芽阶段；1902—1911 年创建阶段；1912—1922 年发展与完善阶段。王璞、洪雪在《近代中国高等师范教育改革及其特征研究》[④]中总结出近代高等师范教育的改革经历了依附、独立、集中、开放、多元的演变过程。朱智斌、赵倩在《论中国近代高等师范学校教育类课程的演变》[⑤]中以“癸卯学制”、1922 年新学制和 20 世纪 30 年代的独立高师制度为标志，总结出中国近代高等师范学校经历了一个从国家统一安排到学校自主分治再到国家统一安排的过程。李青山在其博士学位论文《中国近代（1840—

① 霍益萍．近代中国的高等教育［M］．上海：华东师范大学出版社，1999．

② 刘献君，房保俊．近代中国高等教育理念的变迁及启示［J］．中国高教研究，2009（9）：12．

③ 陈妙玲．中国高等教育管理体制的近代化［D］．兰州：西北师范大学，2002：5–20．

④ 王璞，洪雪．近代中国高等师范教育改革及其特征研究［J］．教师教育论坛，2016，29（7）：85．

⑤ 朱智斌，赵倩．论中国近代高等师范学校教育类课程的演变［J］．当代教师教育，2015，8（1）：63．

1949年）兽医高等教育溯源及发展》[①]中将我国近代兽医高等教育划分为三个阶段：1840—1911年晚清时期从萌芽到起步阶段；1912—1937年由民国初至全面抗日战争前夕初具规模阶段；1937—1949年全面抗日战争开始至中华人民共和国成立前夕艰难发展阶段。

历史阶段划分是历史研究中一种非常重要的方法，对中国近代高等教育发展历史的不同划分方法和结果反映了不同学者的历史观。合理地划分历史阶段，可以帮助人们从纷繁复杂的教育思想和历史事件中理出一条明晰的发展线索，进而发现中国近代高等教育变迁各个历史阶段之间的区别与联系，总结和把握其发展的特点与规律。从上述对中国近代高等教育整体发展或者具体某一方面发展的不同阶段划分中可以看出，不同划分的依据主要有两种：一种是近代时期社会政治的发展变革，另一种是近代高等教育自身发展的特点。这同时也体现出高等教育的发展既有对社会政治发展依附的一面，又有其自身发展的独立性。但是无论怎样划分，"我们都应当把它们看作历史影片中的一个镜头，只是为了进行研究，而对其进行了特写处理。……所有社会都处在不断的变化过程中"[②]。那么本书在对近代中国高等体育教育发展的研究中也要合理把握历史阶段划分的问题。

三、近代中国高等教育体系的有关研究

《辞海》中对"体系"的解释是"若干有关物质或有关成员相互联系、相互制约而构成的一个整体"。在研究近代中国高等教育的发展时，可以

---

① 李青山．中国近代（1840—1949 年）兽医高等教育溯源及发展［D］．北京：中国农业大学，2015：88．

② 薛文婷．中国近代体育新闻传播史论（1840—1949）［M］．北京：北京体育大学出版社，2010：128．

把它看成是一个体系，它是由与高等教育密切相关的若干事物或要素构成的，通过要素间的联系与制约引起整体的发展变化。

别必亮在《1902—1929年中国高等教育发展述评》[①]中从布局结构、层次结构、专业结构、课程内容、教育理论、入学权利和留学生等方面来对高等教育进行述评。夏金元在《近现代中国高等教育的嬗变》[②]中从学制系统、教育结构、教学体制、管理体制等方面论述了近现代中国高等教育的革新。赵哲、宋丹、楚旋在《我国近代高等教育发展模式：三次转型与自觉探索》[③]中从教育组织、教育制度、教育职能三方面论述了我国近代高等教育发展模式的转型。王杰在《北洋大学堂与中国近代高等教育的缘起》[④]中除了从建立时间上，还从办学章程、学科设置、培养方式、教学内容和教育思想等方面来论证其典范作用。

除此之外，还有对近代高等教育某一时间范围或具体某一要素的研究，比如陈妙玲的《中国高等教育管理体制的近代化》[⑤]、宋秀方的《北洋军阀统治时期的高等教育》[⑥]、夏金元等的《中国近代高等教育课程体系的形成》[⑦]、夏金元的《洋务维新时期高等教育教学内容

---

① 别必亮. 1902—1929年中国高等教育发展述评［J］. 西南师范大学学报（哲学社会科学版），1994（3）：35-36.

② 夏金元. 近现代中国高等教育的嬗变［J］. 辽宁师范大学学报（社会科学版），2004，27（6）：76-78.

③ 赵哲，宋丹，楚旋. 我国近代高等教育发展模式：三次转型与自觉探索［J］. 南昌大学学报（人文社会科学版），2015，46（4）：121-126.

④ 王杰. 北洋大学堂与中国近代高等教育的缘起［J］. 高教探索，2008（6）：74.

⑤ 陈妙玲. 中国高等教育管理体制的近代化［D］. 兰州：西北师范大学，2002：5-20.

⑥ 宋秀方. 北洋军阀统治时期的高等教育［J］. 郑州航空工业管理学院学报（社会科学版），2012，31（5）：74-78.

⑦ 夏金元，梁仕新，赵艳青. 中国近代高等教育课程体系的形成［J］. 郧阳师范高等专科学校学报，2004，24（5）：119-121.

的嬗变》[①]、程良龙《中国近代高等教育人才培养观的演变与启示》[②]等。

抛开对高等教育“近代”的时间限制，很多研究对高等教育体系的构成进行了剖析。瞿振元在《高等教育强国：本质、要素与实现途径》[③]中认为高等教育体系包括五个基本变量：规模、质量、结构、效益、公平。其中，高等教育的结构包括宏观、中观和微观结构。袁相碗在《试论构建高等教育体系的基本要素》[④]中认为构建高等教育体系可有多种视角，要素的选取也可以有多种组合。该研究在宏观上选取了教育思想、教育结构、教育制度和教育体制作为高等教育的基本要素。

从上述不同的研究中我们可以发现在抛开对高等教育“近代”的时间限制时，高等教育体系的要素相对会更加清晰明确一些，也因此更加容易选取。但是加上“近代”的时间限制时，不同的研究所选取的要素或多或少，或宏观或微观，这与近代高等教育发展的复杂性有一定的关系。要素的发展从无到有，从混沌到明晰，上述研究中所涉及的要素对于本书思考近代中国高等体育教育体系的要素有着重要的借鉴意义。

---

① 夏金元．洋务维新时期高等教育教学内容的嬗变［J］．郧阳师范高等专科学校学报 2002，22（5）：98－101．

② 程良龙．中国近代高等教育人才培养观的演变与启示［J］．现代教育管理，2011（11）：15－18．

③ 瞿振元．高等教育强国：本质、要素与实现途径［J］．中国高教研究，2013（3）：2－3．

④ 袁相碗．试论构建高等教育体系的基本要素［J］．江苏高教，1997（1）：3．

第二节　近代中国体育教育的相关研究

一、近代中国体育教育思想的有关研究

通常有关近代中国体育教育思想的研究中思想的来源有三种：第一种是一些社会进步人士、教育家、体育家的体育教育思想；第二种是学校体育思想；第三种是中国社会引进或形成的与教育和体育有关的社会思潮。

第一种研究多集中于对康有为、梁启超、张之洞、徐一冰、徐锡麟、秋瑾、张汇兰、蔡元培、蒋梦麟、毛泽东、恽代英、麦克乐、袁敦礼、吴蕴瑞、马约翰等人的体育教育思想研究。比如，《马约翰体育教育思想研究》《袁敦礼体育教育思想探究》《恽代英体育教育思想研究》《蔡元培的体育思想与历史意义》等。这些体育教育思想往往是在一定历史条件下，思想主体经历了新旧、古今、中外各种思想文化的碰撞，从教育教学的实践中总结出经验而形成的。这些源于实践又用于实践的体育教育思想，通常会涉及体育教育的目的、原则、方法、实践等多个方面。

第二种研究相对较多，比如王继娜在《近代我国学校体育思想的回顾与展望》[①]中总结了近代我国学校体育思想，其以 1919 年为时间节点经历了军国民体育思想时期、自然主义体育思想与民族主义思想共存时

① 王继娜．近代我国学校体育思想的回顾与展望［J］．体育科学研究，2016，20（1）：9－13．

期两个阶段。谭博在《近代以来我国学校体育指导思想的变迁》[①]一文中回顾了近代以来的6种主要的学校体育指导思想（其中近代时期主要是军国民体育思想和自然主义体育思想）并分析了各指导思想在特定历史时期对于学校体育发展的积极意义和局限性。程文广在其博士学位论文《近代以来中国体育思想及体育教育发展研究》[②]中将近代中国体育思想划分为五四前后两个阶段，五四前军国民体育思想占主流地位，五四后形成了以自然主义体育思想为主，民族体育思想和“国粹”体育思想为辅的体育思想。他认为社会需要和主体需要分别是体育思想形成的外因和内因。张兆才等在《近代以来中国学校体育思想的历史演进》[③]一文中将近代体育思想划分为三个阶段：五四前以军国民体育思想为主，表现为学校以军操、体操为主的“体育形式”课程；五四后主要是自然主义体育思想，表现为杜威的实用主义教育理论和近代体育项目在学校的广泛传播；抗日战争爆发后主要是民族体育思想，主要表现有无论是学校还是社会都认可体育服务于民族存亡，等等。

第三种研究中所谓的社会思潮必定能反映一定历史时期的时代要求，并且必然有价值。这种社会思潮往往是中国近代体育教育和体育思想产生的重要背景。同时，体育教育思想又受到教育思想和实践的制约，它在社会发展、人的思想观念和教育思想等作用下不断发展与完善。周从改在《影响我国近代学校体育发展的几种社会思潮》[④]一文中总结了影

---

① 谭博. 近代以来我国学校体育指导思想的变迁［J］. 体育文化导刊，2016（1）：177-178.

② 程文广. 近代以来中国体育思想及体育教育发展研究［D］. 北京：北京体育大学，2006.

③ 张兆才，谭震皖，洪卫星. 近代以来中国学校体育思想的历史演进［J］. 成都体育学院学报，2005，31（2）：115-117.

④ 周从改. 影响我国近代学校体育发展的几种社会思潮［J］. 北京体育大学学报，2014，37（1）：105-108.

响我国近代学校体育发展的社会思潮：洋务思潮与维新思潮催生了近代学校体育；军国民教育思想推动了学校体育制度的建立；民主与科学思想使学校体育向双轨制过渡；实用主义思潮使学校体育向理论化体系方向发展。王华倬在《论近代四种主要教育思想对我国近代体育课程发展的影响》[①]中提到的四种教育思想是军国民主义教育思想、蔡元培完全人格教育思想、实用主义教育思想和自然主义体育教育思想。

目前，还没有有关体育教育思想的专著，相关研究除了在相关期刊文献中涉及外，还存在于与体育史、体育思想史、学校体育史等相关的专著中，比如苏竞存主编的《中国近代学校体育史》[②]，崔乐泉、杨向东主编的《中国体育思想史（近代卷）》[③]等。一些关于学校体育学、体育教学论的著作和教材中也有体育教育思想的相关问题。

除了上述对体育教育思想发展不同层次、纵向发展变化的线索、特征、历史评价的研究外，还有对体育教育思想与内外部环境之间相互作用的横向研究，比如潘丽霞、孔令鹤的《试论近代两种教育思想对我国学校体操发展的影响》[④]、程文广的《试论近代以来体育思想的核心价值观对中国体育教育的影响》[⑤]、彭伟家的《近代以来学校体育思想的演变对体育课程影响的研究》[⑥]等。

---

① 王华倬. 论近代四种主要教育思想对我国近代体育课程发展的影响［A］. 第七届全国体育科学大会论文摘要汇编（一）. 中国体育科学学会：中国体育科学学会，2004：1.

② 苏竞存. 中国近代学校体育史［M］. 北京：人民教育出版社，1994.

③ 崔乐泉，杨向东. 中国体育思想史（近代卷）［M］. 北京：首都师范大学出版社，2008.

④ 潘丽霞，孔令鹤. 试论近代两种教育思想对我国学校体操发展的影响［J］. 山东体育科技，1999，21（3）：102-103.

⑤ 程文广. 试论近代以来体育思想的核心价值观对中国体育教育的影响［J］. 沈阳体育学院学报，2006，25（1）：11-14.

⑥ 彭伟家. 近代以来学校体育思想的演变对体育课程影响的研究［D］. 长沙：湖南师范大学，2010.

二、近代中国体育教育制度的有关研究

近代中国体育教育制度的有关研究主要集中在两个方面：一是对近代学制变革对体育教育发展变化影响的研究；二是对近代中国学校体育制度的研究。

有关近代学制变革对体育教育发展变化影响的研究主要有：朱亚成在《近代学制变革对中国学校体育发展的影响》[①]一文中对近代学制产生的背景、内容和历史地位及对中国学校体育发展的影响进行了分析，并对当前我国学校的发展提出了要强调学校体育在学校教育制度中的地位、加强顶层设计、发扬优良传统和实事求是、与时俱进等建议。席亚健、张延在《〈壬戌学制〉与中国近代学校体育发展》[②]一文中将中国的制度化教育划分为两个阶段：第一阶段，京师同文馆等洋务学堂意味着现代学校的产生，在一定意义上标志着新的制度的出现；第二阶段，中国开始采纳西方学制。《壬戌学制》对学校体育的目标、课时、教材内容等做出了相应的规定。但是由于客观社会环境、主观传统思想等因素，学校体育依然未能成为学校教育的主流。

有关近代中国学校体育制度的研究主要有：武权在其硕士学位论文《民国时期的学校体育制度研究》[③]中认为学校体育制度概念至少应包括教育制度和体育制度两者，通过学校体育教学章程、组织机构、课程制度以及教学、训练与比赛四个方面对民国时期的学校体育制度进行了

---

① 朱亚成．近代学制变革对中国学校体育发展的影响［J］．南京体育学院学报（自然科学版），2016，15（1）：118－122.

② 席亚健，张延．《壬戌学制》与中国近代学校体育发展［J］．军事体育进修学院学报，2011，30（4）：9－11.

③ 武权．民国时期的学校体育制度研究［D］．苏州：苏州大学，2011.

分析，并得出了学校教育体育的发展需要制度来保障的启示。闫静、仇军在《近代我国学校体育制度变迁过程探析》①一文中借助制度变迁理论和嵌入性理论分析，认为限于近代我国社会环境与经济条件等方面的制约，近代我国学校体育制度的变迁具有明显的国家强制性特征。

上述与近代体育教育制度有关的两个方面的研究并不多。同体育教育思想一样，并没有这方面的专著，只是在体育通史、学校体育史等专著中会有所涉及。另外，赵卓在其硕士学位论文《中国近代体育制度发展研究》②中从体育基本制度、学校体育制度、社会体育制度和体育竞赛制度四个方面对中国近代体育制度的发展进行了分析，得出了中国近代体育制度在广度上经历了从军队向学校拓展，再向社会体育和体育竞赛拓展，在深度上经历了从无到有，从学制中的体育教育要求到国家最高层次的专门行政法规的不断完善的结论。也就是说，体育教育作为体育发展的一个具体方面，在与体育制度有关的研究中也会涉及学校体育制度的研究。

教育制度是由国家或政府以政令的形式确定，体育制度是由管理体育事业的领导和组织制定，学校体育制度是由国家教育机构和学校制定。制度由于其权威性通常会在一段时间内具有稳定性和持续性，因此对体育教育制度的研究多解决的是“是什么”的问题，而不是“为什么”的问题，并集中在对社会思潮、外来文化对其影响的研究以及体育教育制度效果的研究。这使研究的深度具有一定的局限性。

---

① 闫静，仇军. 近代我国学校体育制度变迁过程探析［J］. 沈阳体育学院学报，2016，35（4）：7-12.

② 赵卓. 中国近代体育制度发展研究［D］. 北京：北京体育大学，2011.

三、近代中国体育教育实践的有关研究

与近代中国体育教育实践有关的研究十分广泛，主要有：第一，不同教育层次的研究，比如易春燕《中国近代小学体育教育的发展演变》[①]、周志刚《试论1904—1936年我国私立中学体育教育》[②]、秦海生《近代我国高等学校体育发展研究》[③]、何睦《北洋大学与近代体育》[④]等。第二，不同地域的体育教育研究，比如许兆萍《近代东北地区学校体育发展研究：1906—1931——以〈盛京时报〉为中心》[⑤]、张莹《清末民初京津地区的学校体育教育》[⑥]、刘欣《天津近代学校体育教育发展及其借鉴》[⑦]、贺春亮《试论近代苏州的学校体育》[⑧]，此外还有对四川、山西、湖南等地方近代学校体育的研究。第三，特定群体的体育教育研究，比如对女子体育教育的研究：朱娜《近代中国女子体育教育研究》[⑨]、吴春雨《我国近代女子学校体育教育探析》[⑩]等。还有对与留学生有关的体育

---

① 易春燕．中国近代小学体育教育的发展演变［J］．史学月刊，2011（10）：131-133.

② 周志刚．试论1904—1936年我国私立中学体育教育［J］．体育文化导刊，2010（11）：126-129.

③ 秦海生．近代我国高等学校体育发展研究［J］．体育文化导刊，2004（11）：123-126.

④ 何睦．北洋大学与近代体育［J］．天津大学学报（社会科学版），2010，12（1）：75-78.

⑤ 许兆萍．近代东北地区学校体育发展研究：1906—1931——以《盛京时报》为中心［D］．沈阳：东北师范大学，2009.

⑥ 张莹．清末民初京津地区的学校体育教育［D］．天津：天津师范大学，2016.

⑦ 刘欣．天津近代学校体育教育发展及其借鉴［J］．天津大学学报（社会科学版），2015，17（1）：86-89.

⑧ 贺春亮．试论近代苏州的学校体育［J］．体育文化导刊，2014（4）：179-181.

⑨ 朱娜．近代中国女子体育教育研究［J］．体育文化导刊，2016（8）：174-177.

⑩ 吴春雨．我国近代女子学校体育教育探析［J］．体育文化导刊，2015（5）：183-186.

教育的研究：梁向武《清末民初我国体育留学生的历史考察》[①]、张宝强《体育专业留学生与中国近代学校体育发展研究》[②]等。对与教会学校和组织有关的体育教育的研究：张永广《基督教学校与近代中国体育教育》[③]、李雪峰和钱来《教会大学与中国近代大学体育教育》[④]等。第四，体育教育具体内容的研究，这一部分中关于近代体育课程的研究占了绝大多数，比如王华倬《论我国近现代中小学体育课程的发展演变及其历史经验》[⑤]、张芳和阎智力《论近代我国体育课程的发展》[⑥]、邓凤莲和杨辉《中国近代学校体育课程与教学沿革回望》[⑦]、邓凤莲《中国近代学校体育课程与教学探渊》[⑧]等。第五，近代体育专业教育的研究，比如熊焰《近代中国体育教育专业培养目标与课程设置的历史特征》[⑨]、曹海信《近代中国体育专业课程设置体系的历史变革及启示》[⑩]、蒲鸿春《近代我国体

---

① 梁向武. 清末民初我国体育留学生的历史考察 [J]. 广州体育学院学报，2008，28（6）：50-53.

② 张宝强. 体育专业留学生与中国近代学校体育发展研究 [J]. 南京体育学院学报（自然科学版），2013，12（5）：134-137.

③ 张永广. 基督教学校与近代中国体育教育 [J]. 武汉体育学院学报，2006，40（11）：88-91.

④ 李雪峰，钱来. 教会大学与中国近代大学体育教育 [J]. 体育科学研究，2014，18（4）：87-89.

⑤ 王华倬. 论我国近现代中小学体育课程的发展演变及其历史经验 [D]. 北京：北京体育大学，2003.

⑥ 张芳，阎智力. 论近代我国体育课程的发展 [J]. 体育文化导刊，2010（10）：137-141.

⑦ 邓凤莲，杨辉. 中国近代学校体育课程与教学沿革回望 [J]. 教学与管理，2008（27）：64-65.

⑧ 邓凤莲. 中国近代学校体育课程与教学探渊 [J]. 浙江体育科学，2008，30（4）：91-94.

⑨ 熊焰. 近代中国体育教育专业培养目标与课程设置的历史特征 [J]. 荆州师范学院学报，2003，26（5）：99-101.

⑩ 曹海信. 近代中国体育专业课程设置体系的历史变革及启示 [D]. 西安：陕西师范大学，2007.

育师资教育回溯》[①]、金慧侠和许家成《论金陵女子大学的体育教育》[②]等。

上述有关近代中国高等教育的研究中，无论是整体研究还是具体研究，大都集中于高等教育体系的内部环境，对于高等教育内外部环境是如何相互作用并促使其发展的研究很少。而在具体到某一学科时，研究主要集中于农业和工业领域，并没有对高等体育教育的研究。在有关中国近代体育教育的研究中，无论是思想、制度还是实践方面，对学校体育的研究都占了绝大部分。尽管也有对体育专业教育的研究，但主要集中于对课程的研究或极少数高等学校的研究，又或者是仅对体育师资教育的研究，显然这些并不是近代中国高等体育教育的全部。从上述对近代中国高等教育和近代中国体育教育有关研究的梳理中，我们发现有关近代中国高等体育教育整体发展脉络的梳理是一个空白，对这一部分的研究对把握近代中国高等体育教育发展的规律，以及丰富教育理论和体育理论等都具有十分重要的意义。

---

① 蒲鸿春．近代我国体育师资教育回溯［J］．体育文化导刊，2016（4）：171－176．

② 金慧侠，许家成．论金陵女子大学的体育教育［J］．兰台世界，2015（19）：120－121．

第三章 近代中国高等体育教育概说

第一节　近代中国高等体育教育的界定

“近代中国高等体育教育”是一个综合概念，它由“近代中国”和“高等体育教育”两大部分组成。本书对“近代中国”的界定采用历史学中的对中国历史年代的划分方法。中国近代时期是指从1840年到1949年。本书对“高等体育教育”的界定是建立在对“高等教育”界定的基础之上的。前文提到“高等教育”的概念有广义和狭义、动态和静态的不同，本书对“高等体育教育”采用其狭义的、静态的概念。“狭义”是指学校里的高等体育教育，不包括学校以外的体育教育和研究。虽然在古代高等教育中人们并没有关于“体育”的概念，但是人们已经在从事具有体育性质的活动了。在教育阶段较为模糊的古代高等教育中，唐朝开创了以武取士的先河，武举和文举都用考试的方法来选官，并且该制度延续至清末。“静态”就是指近代学制建立以后高等体育教育中进行的培养高级体育专门人才的社会活动。综合起来，本书中的近代高等体育教育就是指 1840—1949 年，在完成中等教育的基础上，培养高级体育专门人才的学校教育活动。

第二节　近代中国高等体育教育的历史分期

《中国近代通史》[①]中指出："中国近代史如何划分时期，看起来是编写教科书的具体问题，但是依据什么标准分期，却涉及历史观问题，涉及研究中国近代史的理论与方法问题，涉及对叙述和研究中国近代史的主要任务的认识，以及用什么来做中国近代史的基本线索的问题。"本书中采用的历史分期和中国近代革命史、政治史的分期一致，将近代中国高等体育教育的发展划分为以下四个阶段：萌芽时期（1840—1911 年）、探索时期（1912—1926 年）、成熟时期（1927—1936 年）、困难时期（1937—1949 年）。

这样划分的主要原因如下：

第一，政治发展的状况在 20 世纪的中国长期占支配地位，成为中国社会的主题。

近代中国高等体育教育的发展受到近代社会的变革、近代高等教育的发展及近代体育的发展等各种因素的影响，而社会的变革是其中最关键的影响因素。比如，正是由于鸦片战争才打破了清朝时期中国社会与

① 中国社会科学院近代史研究所. 中国近代通史（第一卷）[M]. 南京：江苏人民出版社，2013.

外部世界隔绝的状态，开启了中国人民救亡图存的探索，最早模仿日本的学制和课程并建立了近代学制，产生了最早对体育师资的需求。由于很多办学机构是清廷为维护其统治而准予设立的，随着 1911 年辛亥革命的爆发这些机构便停办了。1927 年南京国民政府的成立结束了十几年的军阀混战局面，使得高等体育教育的发展有了相对稳定的环境和条件，从而逐步形成了体系。然而随着日本侵华以及抗日根据地的建立，中国社会政治格局分化，高等体育教育在不同的政治领导下表现出不同的特点。可见，政治、革命形势对近代中国高等体育教育的发展有着举足轻重的影响。因此，本书的历史分期和中国近代革命史、政治史的历史分期保持了一致，恰是对近代中国高等体育教育产生、发展规律的遵循。

第二，本书本着系统论的观点，努力将高等体育教育的发展置于特定的社会环境中加以考察。选择通常意义上的历史分期，更便于进行研究。

根据系统科学的观点，社会大系统是由经济、政治、文化、教育等子系统构成的。教育作为一个子系统，与整个社会大系统及其他子系统之间存在着相互作用的必然联系。它的运行不仅要遵循教育的外部关系规律，还要遵循其自身的特殊规律。教育内部的因素很多，关系复杂。从不同层次、不同角度可以揭露它的不同矛盾[①]。本书在划分历史分期时曾结合近代中国高等体育教育自身发展状况加以考量。比如，从教育思想的发展来看，1919 年五四运动是军国民主义思想向自然主义思想转变

---

① 潘懋元，王伟廉．高等教育学［M］．福州：福建教育出版社，2007．

的一个重要转折点；从教育制度的发展来看，1922 年颁布的新学制基本实现了现代化；从教育实践来看，1923 年兵式体操才从体育教材中被彻底废除，并要求体育教学要以田径、球类及游戏等为主。显然以哪一年作为探索期与成熟期的划分都有失偏颇，并且高等体育教育作为高等教育的一部分，在教育思想和教育制度发生变化后其内部体系的改变仍然有很大的惰性。因此，本书最终选择了通常意义上的历史分期。

第四章

近代中国高等体育教育的萌芽时期（1840—1911年）

第一节　萌芽时期中国体育专业教育[1]发展的背景

一、中国近代化进程的启动为近代新式体育[2]的传入提供了契机

鸦片战争之前中国长期处于封建社会，实行高度中央集权的封建专制政体。这一政体下皇帝丝毫没有民主的意识，“君为臣纲”是封建统治秩序的法则，各级官员都由中央政权直接指派。官员选拔主要通过科举

① 这里对“体育专业教育”加以说明：“专业教育”包括所有的专门化的教育，也包括以职业为取向的非专门化教育。由于在这一时期出现的体育学校、体育专修科在教育层次上比较模糊，如果用“高等体育教育”会存在争议，用内涵更为宽泛的“体育专业教育”来加以概括更为合理。

② 新式体育是与旧式体育相对的概念。所谓旧式体育主要是指与中国传统教育和传统文化相伴而生的体育活动，包括武艺、武术、导引养生以及球类活动等；新式体育则是特定历史条件下的一种体育现象，是西方文化和西方教育的伴生物，它伴随西方列强的入侵而传入，表现出鲜明的时代特征。

考试制度进行。尽管科举制度在理论上给予了公卿大夫与布衣子孙公平参政的机会，但对于多年的应考教育，贫苦农民其实没有条件参与其中，只有达官贵族和地主的子孙才有条件。清政府为了弥补国库空虚，还制定了捐纳制度，统一管理、明码标价。“三年清知府，十万雪花银”正是清朝政府的真实写照。清朝的衰败和腐朽也毫无例外地体现在军制的落后、军备的废弛及科技的落后等各个方面。

鸦片战争前中国的社会经济是以一家一户、自给自足的自然经济为主导，农民自己生产农产品和大部分手工业品，地主剥削来的地租也不是为了交换而是自己享用。尽管这一时期资本主义在私营工厂手工业中有所萌芽，但是在封建经济的高压下很难茁壮成长。土地是最基本、最主要的生产资料和财富。绝大部分土地被少数的封建官僚、豪绅、大地主所占有，而人口占比最大的农民却只占有少量的土地。与此同时，从18世纪起人口开始暴涨，1803年的人口数约为3亿，到1835年达到约4亿。人口的不断增长与土地的愈发集中，使得农民与地主之间的阶级矛盾日益尖锐。

1840年第一次鸦片战争的隆隆炮声，使“天朝帝国万世长存的迷信受到了致命的打击，野蛮的、闭关自守的……状态被打破了”，中国被迫跨进了近代的大门。此时欧美各国早已率先完成了工业化，主宰着世界。蒸汽机的发明带来的产业革命打破了国家与国家之间的藩篱，将世界变成了一个统一的市场，将所有古老的、还处在农业文明中的国家都卷进世界商品经济的旋涡之中，变成其商品倾销地、投资场所和原料产地。而中国在晚了两个世纪后，在一系列的不平等条约桎梏下，在侵略者的血色火光、大炮铁蹄践踏下，被迫打开国门面向世界，并一度出现亡国灭种的危机。那么告别落后的封建统治，转而学习和接受资本主义的经济、政治、文化、教育制度就成了历史的必然。在外部输入和内部学习的基础上，中国开始了缓慢的近代化进程。

近代西方体育传入中国与清末民国初年的“西学东渐”有着直接的关系，西方传教士乘机东来，成为文化、教育和体育的直接传递者和传播者。可以说没有近代的“西学东渐”，就没有中国教育的近代化；若没有中国教育的近代化，就没有清末民国初年新式体育的传入和发展[①]。

二、中国近代高等教育的发展为近代高等体育教育的萌芽提供了载体

由于长期以来封建统治者推行闭关锁国的政策和文化专制主义，传统的文化教育日益空疏腐败。传统的学校种类稀少，或是授以简单读、写、算知识的初级学校，比如私塾、蒙学，或者是培养官吏的高等学校，比如太学、国子监、书院及少数专科学校，然而这些学校并不能培育农业、工业、军事、外交、财会等新式人才。在培养目标上，学生最基本的品质是忠君尊孔，恪守封建纲常，学问只是进入官场的敲门砖，“万般皆下品，唯有读书高”“学而优则仕”成为读书人的奋斗目标和整个社会普遍的价值观念。在教学内容上，将儒家及儒家经典作为唯一内容，除了四书、五经、义理、考据、辞章外，知识分子根本不知道世间还有其他学问，很少探讨自然界的万事万物，而是主要把注意力集中在现实社会中人与人的各种关系上，试图通过协调君臣、父子、夫妇、兄弟等的关系，来求得社会的安宁和封建统治的长治久安[②]，以至于满朝文武无人知道除了“天朝上国”“东夷、南蛮、西戎、北狄”外，世界上还有其他国家，还有一个广大的世界。传统中国社会历来把教育当作统治人民、

① 陈晴．清末民初新式体育的传入与嬗变［M］．武汉：华中师范大学出版社，2007：23．

② 霍益萍．近代中国的高等教育［M］．上海：华东师范大学出版社，1999：3．

维护社会秩序的手段。“是故古之王者建国军民，教学为先”[①]，教育被归并到政治的概念中，自始至终都只是政治的附庸。

鸦片战争的爆发极大地震撼了中国士大夫的心灵。以1861年总理各国事务衙门的建立为起点，开始了一场以“自强”“求富”为目的的洋务运动。教育因其所具有的培养人才的功能成为人们关注的对象。我国近代的高等教育就是伴随着洋务运动的开展及洋务学堂的兴办而发轫的。1862年清政府开办的京师同文馆是洋务派最早创办的一所洋务学堂，随后一批学习“西文”“西艺”的新式学堂在全国的一些地方陆续开办。洋务教育的设学是一种有针对性的应洋务急需的专门教育，是与传统的重德轻艺的官本位教育有着质的不同的新式教育，是中国教育从传统走向近代的第一步。

甲午战争失败后，通过对日本和西方强盛原因的探索，人们已不再把外国教育看作仅仅是各类知识的简单汇合，而是把它看作一个完整的模式和系统。从维新派到一些有改革思想的官吏，都对移植西方三级制教育制度表现出极大的热情。1895年，由盛宣怀在天津设立的中西学堂是近代第一所含有普通和专门两级制的学堂。1896年盛宣怀又在上海创办了南洋公学，南洋公学含有大、中、小三级学堂，外加师范教育，在一所学校中具备了近代学制的雏形。1898年京师大学堂开办，它是近代第一所新式的国立大学，模仿了资本主义国家的大学。京师大学堂的设立标志着以太学、国子监为核心的封建高等教育的解体和新式资产阶级高等教育的兴起。而1904年“癸卯学制”的颁布实施更是标志着中国封建高等教育制度的彻底崩溃和近代高等教育制度的开始确立。

① 孟宪承．中国古代教育文选［M］．北京：人民教育出版社，1979：95．

三、中国近代学校体育的发展对体育专业教育的出现提出了诉求

自鸦片战争中清政府签订了一系列不平等条约后，外国人可以在他们居住的地方自由设立学校、传教士可以深入内地传教等规定促使教会学校在中国社会迅速发展起来。最初教会学校是为了培养为教会服务的牧师、教师以及外国在中国经营企事业服务的人员而开设，其基本性质是对中国文化教育的侵略。但是教会学校在中国近代不自觉地充当了历史的工具，对传播西方科学技术和发展文化事业起到了客观作用。随着中国教育近代化的脚步，中国近代体育教育也逐步发展起来。教会学校一般没有体育课程，但广泛推行“强迫体育”运动，要求每个学生都要有接受体育教育的机会，体育活动主要安排在课外时间进行。例如，1884 年基督教青年会在镇江设立的女校曾规定午间休息时间学生可以“使用已备好的器具各自进行游戏”。1895 年美国长老会所办的山东汇文书院规定每日上、下午课间加两次运动，上午做“抢球游戏”，叫“放小学”；下午进行接力赛跑，叫“夺旗”游戏。此外，北京汇文书院 1895 年就有了棒球队，1901 年有了足球队；上海圣约翰大学在 1890 年就举行了运动会；等等。教会学校开展的体育活动，是西方的田径、球类传入我国的主要途径之一。除了教会学校外，基督教青年会在引进西方体育、介绍西方体育理论与方法、宣传和开展体育活动、举办运动竞赛和培养体育专业人才方面也对我国学校体育产生了重要的影响。马约翰在其《体育历程十四年》之论文中记述道：“基督教青年会是推动体育发展的最积极的因素，它为体育工作广泛生产印刷品，给各种体育活动带来广阔的表演场地，它的影响遍及全国各地。”

如果说教会学校和基督教青年会来华传教和办学是外因，那么在内忧外患的情势下，朝野有识之士在“师夷长技以制夷”的教育理念下对西洋兵操的引进就是内因，在内外因的相互作用下近代学校体育才得以发展起来。洋务派创办军事学校，聘用洋教官和教习，带来了西方的教育观念和体育活动。尽管这一时期的体育带有浓厚的军事色彩，但却促成了近代新式体育的引进。此外，在洋务事业中，留学运动也对近代体育的发展起到了重要的作用。留学生为了适应洋务教育的需要在国外主要研习技术学科，但是，他们也学习和参加了作为教育内容之一的西方体育活动，在回国后开体育之风，在传播体育思想观念和改变世人对体育的态度方面做出了贡献。甲午战争的失败使国人惊醒，人们从过去对器物的学习上升到对制度的思考、对人的思考。通过对现代化问题的思考，废科举、兴学堂成为改革的重中之重，而“德教智教体教”“鼓民力、开民智”“三育并重”等思想都强调了体育对强种强国、救亡图存的重要性，因此，新学制颁布并要求各级各类学校开设体育课程，近代学校体育在全国范围内开展起来。

显然，教会学校和基督教青年会促进了近代西方体育在中国的传播。洋务派在军事学堂中引进西洋兵操、维新主义者在新式学堂中积极实践，使体育学科作为分科课程出现在近代学校教育中，内容上主要是兵式体操、普通体操和一些运动游戏，中国近代学校体育课程雏形已经基本形成。随着新学制的颁布，中国近代学校体育的普及引起了社会对体育教师的需求，这就使得体育专业教育呼之欲出。

第二节　萌芽时期中国体育专业教育发展的概貌

一、萌芽时期中国高等教育制度与体育专业教育机构设置

我国近代高等教育制度是在清末“新政”的鼓噪声中诞生的。1900 年的义和团运动震撼了清王朝的封建政权；八国联军侵华，外患内祸，于是清政府采取了对外迎合、对内改良的办法来缓和内外矛盾。1901 年清政府提出要推行“新政”，“中体西用”成为这一时期顺应时代的教育改革思想，一方面可以维护中国传统文化道统，另一方面可以调和中西文化矛盾的冲突，并在此基础上采取了废除科举、建立新学制、改造旧式书院、建立各类新式学堂、派遣留学生等措施。甲午战争中“天朝上国”惨败于“蕞尔小国”，使清政府和国人在错愕的同时开始反思。日本和中国地理上相近，文化、政治上相似，但日本明治维新后的快速发展令人称羡，日本的教育制度经过不断的试验、修改，已然取得了很大的成功，这使中、日两国在近代化发展上展示出巨大的反差，也令中国人对日本实力刮目相看。另外，日本方面自从资本主义改革成功以后，就一直觊觎中国，寻找各种机会谋求帝国主义在华利益的再分配，扩大其在中国的影响。一个希望去学，一个欢迎来学，一拍即合。于是，日本成为清末对中国教育影响最大的国家，在中国社会兴起了研究、学习日本教育制度的潮流。1904 年颁行的“癸卯学制”就是模仿日本教育制度的产物。

中国的高等教育制度完全模仿了日本，设了三级，同一时期的英、

法、德、美等国的高等教育一般只设两级：本科及研究生院。而中国增加了在各省设高等学堂的规定。“癸卯学制”是中国近代第一个在全国范围内付诸实施的学制，是 1904—1911 年整个清末教育的法律规范，具有十分重要的意义。它的颁行对于清末高等体育教育萌芽的直接意义体现在三个方面：第一，标志着封建高等教育制度的彻底崩溃和近代高等教育制度的开始确立。“癸卯学制”[①]将纵向直系的普通教育学校系统分为三段，包括初等、中等和高等。在横向旁系上有师范教育和实业教育。其中，属于高等教育的有高等学堂或大学预科、分科大学、通儒院，与高等学堂平行的有优级师范学堂、实业教员讲习所、高等实业学堂。第二，以政府文件的形式认可并确立了体操正式成为一门学科课程的地位，多级学校中对体操课程的设置是对封建传统教育只重德育、智育的一种重大突破。第三，把体育列为学校教育的内容造成了社会对体育教师的大量需求，这就对体育专业教育的出现提出了诉求。

明治时期日本的学校体育是教育的重要组成部分，对日本人体质的改善发挥了重要的作用，成为富国强兵、扩张国权的重要手段，并且更是一种与国家发展、国家的现代化进程密切相关的重要社会存在。在明治时期富国强兵的主旋律中，日本学校体育教育在目的、内容、师资方面都体现出强烈的军事色彩，这必然会对救亡图存社会思潮下和仿日潮流中清末学制中所规定的学校体育教育产生直接影响。王华倬在其博士学位论文《论我国近现代中小学体育课程的发展演变及其历史经验》中将《奏定学堂章程》规定的高等小学堂体操课程及中学堂体操课程，分别与日本明治三十三年（1900 年）《改正小学校令施行规则》中规定的高

① 璩鑫圭，唐良炎．中国近代教育史资料汇编·学制演变［M］．上海：上海教育出版社，1991：287.

等小学校体操课程和日本明治三十五年（1902 年）《中学校教学细目》中所规定的体操课程进行了比较对照，发现《奏定学堂章程》中所规定的体操课程与同期日本中小学校的体操课程几乎完全一致，仅在周学时等方面有些许差异。[①]

“癸卯学制”颁布以后，各省府、州、县纷纷开办学堂，发展很快。由于开始学习西方和日本设置的课程，各门课程的教师都极为缺乏，体操课更是如此，成为当时的突出问题。有些学校聘请日本教员和留学日本学习体育的归国人员担任体操教员，而大量的学堂为了解决急需不得不聘用大量退役的士兵担任学校体育教师，但他们中的多数并不具备担任体育教师的素质和能力，甚至“酗酒狂赌，好勇斗狠，无所不为”，致使“学校之名誉扫地，社会之信仰尽失，学生父兄多仇视体操一科”[②]。在社会的极大不满下，培养合格的体育师资成为社会普遍关注的焦点。因此，1906 年清廷学部通令各省，于省城师范“设五个月卒业之体操专修科”[③]。在此前后，全国产生了三种办学力量：第一种是社会自发办学力量，也就是私立的体操学校或学堂、专修科等；第二种是官办的体操科，通常附设在高等学堂中；第三种是资产阶级革命党人为培养革命武装力量而办的体操学堂等。由于这一时期的体操学堂、校、科大都开办的时间不长，相关的历史资料及研究文献材料不丰富，不能一一详尽地探究其具体情况。因此，本书在尽可能多地掌握史料的基础上，结合现有的校史研究和地方志，简单列出了 1906 年前后创办且开办时间相

① 王华倬．论我国近现代中小学体育课程的发展演变及其历史经验［D］．北京：北京体育大学，2003：26－27．

② 徐一冰．二十年来之体操谈［N］//成都体育学院体育史研究所．中国近代体育史资料．成都：四川教育出版社，1988：108．

③ 学部．学部奏咨辑要剳//成都体育学院体育史研究所．中国近代体育史资料．成都：四川教育出版社，1988：273．

对较长的一些体操专修科或体育学堂、学校的基本情况（表 4–1）。

表 4–1 1906 年前后创办的体操专修科或体育学堂、学校（部分）

机构名称	创办时间	创办人或监督（校长）	性质	校址
江苏优级师范学堂体操科	1905 年	杨觐圭、徐乃昌、李瑞清	官立	苏州护龙街
大通师范学堂	1905 年	徐锡麟、陶成章	光复会	浙江绍兴
松江府娄县劝学会体操传习所	1905 年	何东	私立	上海娄县
四川高等学堂附设体育学堂	1906 年	岑春煊	官立	四川成都
云南体操专修科	1906 年	不详	官立	云南昆明
浙江两级师范学堂体操专修科	1907 年	张曾敭	官立	浙江杭州
浙江台州耀梓体育学堂	1907 年	杨镇毅、项霈、洪士俊等	光复会	浙江临海
四川王氏树人学堂体操专修科	1907 年	王树人	私立	四川富顺
河南体育专科学堂	1907 年	胡祥林	官立	河南开封
奉天师范学堂体操专修科	1907 年	张鹤龄	官立	奉天大南关
中国体操学校	1908 年	徐一冰、徐傅霖等	私立	上海华兴坊
中国女子体操学校	1908 年	汤剑娥	私立	上海
重庆体育学堂	1908 年	杨沧白	同盟会	重庆武库

资料来源：

［1］学校体育大辞典编委会．学校体育大辞典［M］．武汉：武汉工业大学出版社，1994．

［2］成都体育学院体育史研究所．中国近代体育史资料［M］．成都：四川教育出版社，1988．

［3］国家体委体育文史工作委员会，中国体育史学会．中国近代体育史［M］．北京：北京体育学院出版社，1989．

这一时期体育办学机构的主要形式有体操科、体操传习所、体操学校、体育学堂。关于体育教学的高等教育属性问题的研究没有统一的结论。从清廷学部要求在省城师范学堂“设五个月卒业之体操专修科……

以养成小学体操教习”来看，一方面，在培养目标上，与初级师范学堂的宗旨一样，同为培养小学教员；另一方面，在初级师范学堂中设有完全科、简易科、预备科和讲习所，并无专修科这一设置。关于“专修科”的表述出现在优级师范学堂章程中，“专修科系审查各地中等学堂最缺乏某种学科之教员，因特置某种学科，召学生使专修之，以补充其缺乏”，“其学科程度及授业时刻，俟将来增设时，由本学堂酌定”[①]。关于优级师范学堂创办的表述为“省城优级师范学堂初办时，可与省城之初级师范学堂并置一处，俟以后首县及外州、县全设有初级师范学堂，即将省城初级师范学堂增高其程度，并入于优级师范学堂”[②]。在实行新学制的初期，生源、师资等各方面并不能流畅运行，加上学科体系的不成熟、不完善以及与实际需求之间的矛盾，体育教学受到社会政治、经济、文化等多方面的限制而办办停停。这一时期所办的体育学堂或体育科很多都是简易速成性质的，学制上采用半年到两年等短期速成的方法，比如，四川高等学堂附设体育学堂分为四个学期进行教学；重庆体育学堂共三个学期，一年半毕业；中国体操学校本科一年半毕业；浙江两级师范学堂体操专修科是两年制；等等。体育教育在课程设置、教学形式等方面有很大的随意性，在严格意义上并不能说是高等体育专业教育，只能说是带有体育专业教育性质的体育师资培训机构，是高等体育专业教育的萌芽。

① 璩鑫圭，唐良炎．中国近代教育史资料汇编·学制演变［M］．上海：上海教育出版社，1991：415．

② 璩鑫圭，唐良炎．中国近代教育史资料汇编·学制演变［M］．上海：上海教育出版社，1991：415．

二、萌芽时期中国体育专业教育的办学宗旨

办学宗旨实际上指的是办学的指导思想或教育理念。清末自实施新政以来，特别是“癸卯学制”颁行后，国家在教育宗旨上的意愿已有了较为清晰的表达。1906年在学部《奏陈教育宗旨折》中清廷表示“朝廷锐意兴学，特设专部以董理之，自应明示宗旨，俾定趋向，期于一道同风。兹据该部所陈忠君、尊孔与尚公、尚武、尚实五端，尚为扼要。总之君民一体，爱国即以保家；正学昌明，翼教乃以扶世。人人有合群之心力，而公德以昭；人人有振武之精神，而自强可恃”①。全国各地各级学堂在办学中，既要遵守和尊重国家政策意志，又要结合地方特点和具体校情来提出学校的办学宗旨，从而表现出各自的特点。根据所掌握资料的情况，表4–2列出了不同办学力量中具有代表性的部分体育学堂或专修科的办学宗旨。

表4–2　清末部分体育学堂或专修科办学宗旨

机构名称	办学宗旨
四川高等学堂附设体操专修科（1907年独立为四川体育专门学堂）	方今川省学校次第扩充，惟体操教员，尚乏高程度为学生身教之资。考东西各国均有体育专科学校，养成体操教员，以振尚武精神。本司因此特立体育专科学校，以造就完美教员，而其比偶于德、日诸国之练习养成所
中国体操学校	本校志在提倡正当体育，发挥全国尚武精神，养成完全体操教师，以备教育界专门人才

① 学部．奏陈教育宗旨折//璩鑫圭，唐良炎．中国近代教育史资料汇编·学制演变．上海：上海教育出版社，1991：535.

续表

机构名称	办学宗旨
大通师范学堂	徐锡麟 1903 年游历日本，1904 年在上海参加光复会，积极组织民众革命团体，筹备武装革命，从事革命活动。他原本打算创办大通武备学堂，但清政府规定，民间不得开办武备学堂，遂以大通师范学堂取得合法地位。大通师范学堂是革命党人以开设体操专修科为名，培养训练革命党人军事骨干的学校。陶成章《浙案纪略》中非常明确指出“凡本学堂卒业者，即受本学校办事人之节制。本学校学生，咸为光复会会友”
重庆体育学堂	本学堂为本省陆军小学堂之预科，并造就中学堂及各等普通学堂之师范，以强实学者之体质，研究体育之理法为宗旨①

资料来源：

［1］学校体育大辞典编委会．学校体育大辞典［M］．武汉：武汉工业大学出版社，1994．

［2］国家体委体育文史工作委员会，全国体总文史资料编审委员会．中国近代体育议决案选编［M］．北京：人民体育出版社，1990．

［3］成都体育学院体育史研究所．中国近代体育史资料［M］．成都：四川教育出版社，1988．

表 4-2 中四所体育学堂或专修科是这一时期体育专门办学的一个缩影。其中，四川高等学堂附设体操专修科是官立体育办学中具有代表性的一个。1905 年四川省研究所第七次会议曾明确提出：“刻各学堂体操教习实所缺乏，非专习此科，无所取资”②，显然这是这一时期体育师资现状的一个真实写照，也正是因为如此，在 1906 年清廷通令各省城学堂附设体操专修科后四川高等学堂附设体操专修科设立，并在其招生告示中写道：“方今川省学校次第扩充，惟体操教员，尚乏高程度为学生身教之资。考东西各国均有体育专科学校，养成体操教员，以振尚武精神。本司因此特立体育专科学校，以造就完美教员，而其比偶于德、日诸国

① 广益丛报，第一六一号//成都体育学院体育史研究所．中国近代体育史资料．成都：四川教育出版社，1988：295．

② 四川学报，第一册//罗媛媛．1903—1949 年四川体育专门学校研究．成都：成都体育学院，2013：7．

之练习养成所。”[①]显然，这也代表了这一时期官立体育办学的宗旨，就是造就中小学体育教员，以解决由于新学制颁布和践行国家尚武教育宗旨带来的体操课普及引起的师资奇缺问题。

私立体育办学的创办者多为留学归国人员。甲午战争后留学教育得到更快的发展，出现了官费和私费出国留学的风潮。在这个风潮中有不少留学生出国专攻体育，特别是留日的学生中，不少人进入日本大森体育学校。这部分留学生回国后，在国内办起体育专门学校或在师范学堂中担任体育专修科教师，对近代体育的传播起到了桥梁的作用。中国体操学校就是由留日学生徐一冰和徐傅霖等创办，从一开始就把办学定位在注重体操和各种体育科学的传授上，从该校分立出来的中国女子体操学校以养成女子健全之体格为宗旨，它们为近代中国培养了大量杰出的早期体育专门人才。再比如留学日本大森体育学校专攻体育的邓莹诗，学成回国后深感体操一科的重要性，在呈请设立体育学堂的意见书中谈到对体育的认识：“夫其所谓体育者，非特体操已也，有卫生，有运动，有休息，有营养，而教育、心理、生理、性育亦在其中”，而“调查各省学堂之教育，其任体操者，非营兵无取也。叩其所操，于兵式亦非不谓良。特是其所措教，既无初等、高等之区别，复无小学、中学之特殊。”[②]尽管这些留日归国人员深受日本体育的影响，在课程设置上军事体操占有很大的比重，但他们传播近代体育的初衷是值得肯定和推崇的。

革命团体办学则是资产阶级民主革命党人为了用武力推翻清朝的封建统治，建立资产阶级的民主国家，利用清政府鼓励办学堂，特别是办

---

①广益丛报，第一册//罗时铭．体育通史・第三卷（1840—1926 年）．北京：人民体育出版社，2008：72．

②四川学报，第一册//成都体育学院体育史研究所．中国近代体育史资料［M］．成都：四川教育出版社，1988：7．

体操学堂的命令，开办了一些体操学堂，目的是宣传革命思想，培养革命青年，并将其作为掩护革命、集训武装革命干部的基地。大通师范学堂就是由当时革命组织光复会的领导人徐锡麟、陶成章等人创办，光复会后来并入孙中山组织的同盟会，他们都是同盟会会员。他们原本打算创办大通武备学堂，但清政府规定民间不得开办武备学堂，遂创办大通师范学堂取得合法地位，而学堂的规约则非常明确地表示了这所学堂的革命性质："凡本学堂卒业者，即受本学校办事人之节制。本学校学生，咸为光复会会友"①，毕业"文凭"背面记以秘密暗号。1907 年 7 月安庆起义失败，徐锡麟壮烈牺牲，学堂的学生很多后来成为辛亥革命的骨干，许多人为革命而牺牲。重庆体育学堂亦是如此，由同盟会会员杨沧白等人创办，学校教员大多是中国同盟会会员。辛亥革命爆发时，学堂师生携带武器，将清朝重庆府府台、巴县知事等扭到朝天观，宣布革命，当场把他们的辫子剪去，并迫令一同游行示威。虽然这类性质的体育办学多为短期的革命任务性质，在辛亥革命武装斗争结束后都停办了，但同时也培养了一批革命干部及许多体操教师。

三、萌芽时期中国体育专业教育的课程设置

"癸卯学制"中大学堂分科设置的学科门类有经学科、政法科、文学科、医科、格致科、农科、工科及商科等。高等学堂依据大学堂设置的学科门类分为三类：第一类学科为预备入经学科、政法科、文学科、商科等大学者治之；第二类学科为预备入格致科、工科、农科等大学者治之；第三类为预备入医科大学者治之。也就是说在"癸卯学制"规定的高等教育中还没有体育学科。1906 年清廷通令开设体育专修科，体育学

① 陶成章．浙案纪略［M］．各省书坊，民国五年（1916 年）：27．

科才算以学科门类出现在学制高等教育中，在此之前体操只是一门课程。清廷在规定开设体育专修科的同时，也对其学科课程设置进行了规定："授以体操、游戏、教育、生理、教授等法。"表4–3中仍然以前文所提到的不同类型体育办学为代表列出了其课程设置的情况。

表4–3　清末部分体育学堂或专修科课程设置情况

机构名称	课程设置
四川高等学堂附设体操专修科（1907年独立为四川体育专门学堂）	学科课程：国文、数学、生理、卫生、修身、音乐等 术科课程：瑞典体操、普通体操、木棒、哑铃、球竿、单杠、双杠、木马、舞蹈、足球、兵式操等
中国体操学校	学科课程：伦理学、教育学、体育学、兵学、国文、生理学、救急法、音乐等 术科课程：兵式教练、器械教练、普通连续徒手、哑铃、球竿、棍棒、木环、应用操、游技、教授法、射击术、拳术、武器等
大通师范学堂	学科课程：国文、英文、日文、舆地、历史、教育、伦理、算数、博物、图画、琴歌等 术科课程：兵式体操、器械体操（包括天桥、溜木、平台、木马、秋千、铁环、跳远等）
重庆体育学堂	学科课程：修身、国文、生理、卫生（附救急疗法）、算学（附测绘）、体育原理、教育学、普通体操学科、兵式体操学科、音乐等 术科课程：美容术、徒手体操、哑铃、球竿、木棒、木环、游戏、行进游戏、舞蹈游戏、竞争游戏、瑞典体操、兵式体操、兵式器械等 随意科课程：游泳术、英文、拳勇、刺刀术等

资料来源：

[1] 学校体育大辞典编委会. 学校体育大辞典 [M]. 武汉：武汉工业大学出版社，1994.

[2] 吴文忠. 中国体育发展史 [M]. 台北：三民书局，1981.

[3] 成都体育学院体育史研究所. 中国近代体育史资料 [M]. 成都：四川教育出版社，1988.

课程是一定历史时期和特定时代社会条件下的产物，其设置会受到所处社会的思想背景和社会文化形态特征等方面的影响。清末中国的教育制度是完全模仿日本的产物，自然课程设置也有着浓厚的仿日色彩。日本明治时期体育师资培养机构中的课程设置学习欧美分为三类：第一类是体操术，大部分是美国人路易斯创制的“新体操”，日本将其翻译为“普通体操”“轻体操”等；第二类是与体操密切相关的解剖学、生理学等理学学科；第三类是英文、汉字、数学、物理学、化学、图画等教养科目[①]。清末体育师资教育的课程结构整体上主要分为学科课程和术科课程。学科课程由两类课程构成：一类是通习课程，即修身、伦理学、教育学、算数、图画等；另一类是与体操密切相关的体育原理、生理学、救急疗法等。术科课程主要是兵式体操、器械体操，此外还有瑞典体操、游戏、拳术等。

课程是一定的教育理论、思想观念及培养目标转换为具体实践的中介，其内容和结构决定着人才培养的类型和特有的知识结构，是培养目标的直接体现。清廷学部规定教育宗旨为“忠君、尊孔、尚公、尚武、尚实”，那么体育办学必然也为这个宗旨服务。在学科课程中有修身或伦理学的课程。通常，在初级师范学堂中修身为通习课程，“摘讲陈宏谋《五种遗规》：一、《养正遗规》，二、《训俗遗规》，三、《教女遗规》，四、《从政遗规》，五、《在官法戒录》……所讲修身之要义，一在坚其敦尚伦常之心，一在鼓其奋发有为之气”[②]；伦理学是优级师范学堂的通习课，“外国高等学堂皆有伦理一科，其讲授之书名伦理学。其书内亦有实践、人伦、道德字样，其宗旨亦是勉人为善，而其解说伦理与中国不尽相同。中国学堂讲此科者，必须指定一书……查列朝学案等数，乃理学诸儒之

---

① 刘春燕，谭华．日本近代学校体育的基石——体操传习所［J］．体育学刊，2014，21（2）：104-108．

② 奏定初级师范学堂章程//璩鑫圭，唐良炎．中国近代教育史资料汇编·学制演变．上海：上海教育出版社，1991：401．

言论行实，皆是宗法孔孟，纯粹谨严，讲人伦道德者自以此书为最善”①，清末的伦理课主要就是“摘讲宋、元、明国诸儒学案”。清末开设修身或伦理课程都是为了忠君尊孔服务的，以使“全国学生每饭不忘忠义，仰先烈而思天地高厚之恩”，“熏陶于正学，涉世以后，不致渐渍于奇邪。国教愈崇，斯民心愈固”。此外还有算数、博物、音乐、国文、外语等课程，是考虑到“着眼今日国势民风，讲求实益”而设置的，而这些课程都是“他日各项实业之初基”。在所有的体育办学中都有教育这门课程，具体内容包括教育史、教育原理、教育法令及学校管理办法和实事授业。即便是非师范学堂也开设了这门课程，这体现了清末体育办学的宗旨在培养体育师资这一点上是一致的，也体现了社会需求。

再看术科课程，无论是官立体育教育机构还是私立体育教育机构，即便是革命团体办学，术科课程都是以兵式体操和器械体操为主。所谓“兵式体操”，是训练军人的手段，主要来源于德、日，内容有单兵教练、小队教练、中队教练、枪剑术、野外实习、柔软体操等。这既是为尚武的教育宗旨服务，又是军国民主义教育思想的体现。受军国民主义教育思想的影响，田径、球类等近代体育内容的传播受到了限制。军国民主义教育在清末从日本传入中国，由于中国开始进入半殖民地半封建社会，各阶层的人出于不同的目的和需要，接受了这种教育思想，新兴的资产阶级革命派及其知识分子，是出于求富求强、自强图存的爱国之心；而当时的反动统治者则是为了加强自己的实力，以巩固其统治地位。革命派以体育办学为手段，实则是为了进行革命。在大通师范学堂，平时训练实行严格的军事化，“起床、熄灯、上课、下课都用步号，清越可听……除星期日外，每天一课起，三课兵式体操，要跑到几里路外的大校场去

① 奏定优级师范学堂章程//璩鑫圭，唐良炎．中国近代教育史资料汇编·学制演变．上海：上海教育出版社，1991：423．

操练……遇到大雨就在饭厅上操、击枪或在走廊四周做跑步”。中国体操学校的师生在二次革命淞沪之役中就曾协助攻击制造局。

《中国体操学校章程》第八条写道：“本校学科、术科，均按次序规定三学期教授，每来复功课以三十四小时为度。学科占三分之一，术科占三分之二”[①]；《重庆体育学堂简章》第九条规定：“每星期授课三十至三十二点钟，学科占十分之四，术科占十分之六，随意科钟点无定。”[②]由此还可以发现，清末的体育专业教育在课程设置上分为学科和术科，并且术科所占比例更高。这种分类方法基本奠定了我国体育专业教育课程设置分类体系的基本框架，之后的课程设置只是在内容和各课程比例上发生变化，学科和术科这两类没有变化，即使是后来的选修和必修之分也没有脱离这种分类方法[③]。

四、萌芽时期中国体育专业教育的师资力量

清末中国体育专业教育出现的直接原因就是为了解决体育师资的匮乏问题、消除旧式军人兵弁担任体操教习引起的诸多不良影响，那么培养体育师资必然会直接影响学校体育师资的规格和发展。清末体育专业教育师资的来源主要有三种：第一种是武备学堂毕业生；第二种是日本教习；第三种是中国留日学生。

洋务运动时期创办了一些军事武备学堂，主要有北洋水师学堂、天津武备学堂、湖北武备学堂、广东水陆师学堂等，目的是培养新式军官

① 中国体操学校章程.《体育杂志》第一期//成都体育学院体育史研究所. 中国近代体育史资料. 成都：四川教育出版社，1988：297.

② 重庆体育学堂简章.《广益丛报》第一六一号//成都体育学院体育史研究所. 中国近代体育史资料. 成都：四川教育出版社，1988：295-297.

③ 熊焰. 近代中国体育教育专业培养目标与课程设置的历史特征 [J]. 荆州师范学院学报，2003，26（5）：99-101.

以更好地编练新军。这些军事武备学堂最初聘用外国教官，先是英国、美国、法国人，以后是德国、日本人，依照外国军事学校办理方法，开始把西方的体育引进中国，其中设有体操课，内容以兵式体操为主。后来张之洞等又要求通过轮训骨干的方式对其进行推广。“练军重在操演，令分防务营，以十之一更番来省，教以新操。俟练成后，转授各营。”①在体育师资培养仍以兵式体操为主要内容之一的清末时期，这些接受过武备学堂兵操教练的毕业生在教授兵式体操方面是足以胜任的。在清末官立办学中很多师资都来自武备学堂，如三江师范学堂体操科的两名体操教师就来自湖北武备学堂②，在湖南省体操研究所中的部分体操教师也来自武备学堂③。

表 4–4　清末日本教师在各类学校中的分布（1909 年）

学校类型	日本教师人数
蒙养院（幼稚院）	7
小学堂	26
中学堂	15
高等学堂、专科学堂	47
大学堂	4
师范学堂	105
实业学堂	78
军事学堂	58

① 谷世权．中国体育史（下册）[M]．北京：北京体育学院出版社，1989：39.

② 苏云峰．三（两）江师范学堂：南京大学的前身，1903—1911 [M]．南京：南京大学出版社，2002.

③ 范叶飞．湖南省普通高校体育专业教育发展史研究 [D]．长沙：湖南师范大学，2006：11.

续表

学校类型	日本教师人数
警务学堂	13
医学堂	18
外国语学堂	5
女子学校	5
其他	24
合计	405

日本对清末中国教育巨大影响的一个重要方面就是师资方面。清末日本教师在各类学校中的分布以师范学堂和实业学堂中最多，而在高等学堂、专科学堂、师范学堂、实业学堂、军事学堂中合计占到一半以上（表 4–4）。但由于当时学习日本是为了自强求富，因此很多日本教员都是教授与农、工、商有关的课程，尽管也有很多日本教员担任体操教师，比如最早成立的江苏优级师范学堂体育科主任就是日本人高田仪太郎。湖南、四川的体育办学中也有有关日本教习的叙述，但是相对于其他课程来说相关描述不多，也是远远不够的。

中国留日学生是清末体育专业教育师资力量的主力军。清末特别是甲午战争以后，由于兴西学、办学堂、兴教育、育人才之需，留学教育得到更大的发展，出现了官费和私费出国留学的风潮。在这个风潮中，许多浮槎东渡者专攻体育，不少人进入日本大森体育学校学习。日本大森体育学校是日本的一所速成体育师资学校，学制一年或一年半，课程有体育学、教育学、解剖学、生理学、音乐、徒手体操、器械体操（单杠、木马、平台、天桥、木棒、哑铃、球竿等）及兵式体操等。中国留日学习体育的人员基本上都进入此校学习，回国后也基本上模仿大森体育学校在国内兴办培养体育师资的专业①。中国体操学校的创办者徐一冰、徐傅霖就曾在该校留学。此外，大通师范学堂的创办者徐锡麟曾游历日本，曾被学部转发有关在四川设立体育专门学堂函件的邓莹诗也曾游学日本，上海松江府娄县劝学会体操传习所的创立者何东曾留学日本早稻田大学，重庆体育学堂的简章中也有“聘请日本体育专门学校高等本科毕业及师范毕业各先生以为教员”的表述，此类例子不胜枚举。由于当时清政府腐败，国势日危，中国留学生革命思潮极为高涨，极力鼓吹革命。他们归国后创办体育学校，其宗旨为秘密宣扬革命，志在颠覆清朝统治，同时提倡国民体育，以图强身御侮，发扬民族精神。这些留日回国学生在积极革命的同时把最新的理念输入本土。他们对体育的理解首先是响应国内的号召，希望能用体育救国；其次，他们对体育的理解更为全面，认为体育并不应该局限于兵式体操；再次，他们把体育与日后的革命联系在一起。他们是体育的积极倡导者，坚持从事教学和体育技术与理论研究。1901 年徐一冰和高仲南主编的《体育界》杂志创刊，这是国内迄今为止发现的最早的体育刊物，内容分论文专著、体育史、体操游技资料、教授法、体育新闻、小说、译文、杂谈等②。徐一冰还编写了我国最早的体育史讲义，著有《徐氏体育学》《体育原理》等。徐傅霖曾编写过《体操上之生理》，还为商务印书馆编过不少体育教科书③。

五、萌芽时期中国体育专业教育的学生情况

尽管清末在实行新政后广兴学堂、办教育，但是当时中国社会最急

---

① 全国高等师范院校体育系教材编写组．体育史［M］．北京：北京体育师范学院，1983：123．

② 郎净．近代体育在上海［M］．上海：上海社会科学院出版社，2006：109．

③ 费石师．中国体操学校简史//成都体育学院体育史研究所．中国近代体育史资料．成都：四川教育出版社，1988：300．

切需要的是高等教育所培养出来的专门人才，“变法求才，实为当务之急”。因此，近代高等教育与普通教育同时起步，高等教育的建立和发展缺乏必要的基础教育准备，极大地影响了改制之初高等教育的顺利发展。清末中国社会从上到下，都把高等教育的建立和发展当作当时的最先发展点。当时社会没有足够的新式师资来充实新成立的高等教育机构，很多官立高等学堂的总教习一职，是由旧式官僚士绅担任，这些人都是通过饱读传统经史而走上仕途的，在当时管理机制还不是很成熟和完善的情况下，只能套用传统教育的经验。比如，四川高等学堂体育科要求入学者必须是曾经读过经书、有一定学业基础的人，并且只有那些身体强健并找到有身份的担保人且立下保证者才能入学[①]。重庆体育学堂也有类似的规定：“身家清白，本身及先世无猥贱职业者。凡来本学堂之学生，须有为法律所认许之社会之绍介书（法律认许之社会为各衙门、局、所、学堂、学会、商会等皆是）。书中须有印记图书为据，私人介绍无效。但有高等小学堂以上卒业凭照，或曾充小学堂体操教育者，不在此限。”[②]

朱德就曾于1907—1908年在四川高等学堂附设体育学堂求学，1908年毕业后回到仪陇县立高等小学堂任体育教习兼庶务。他的父亲在得知他担任体育教习后气愤地说道：“全家老小20来口子，一年360天，起早贪黑不要命地干，10多年来省吃俭用，还不是为我们朱家能出个读书人，能谋个一官半职！你可好，当啥子体育教习。你的书统统白念了，我们的血汗也统统白流了！”第二天朱德又耐心地向父亲做了解释，老人思来想去还是支持朱德去当了老师[③]。从中可以看出：一方面“学而

---

① 罗媛媛．1903—1949年四川体育专门学校研究［D］．成都：成都体育学院，2013：7.

② 重庆体育学堂．《广益丛报》第一六一号//成都体育学院体育史研究所．中国近代体育史资料．成都：四川教育出版社，1988：300.

③ 刘学民．朱德的非常之路［M］．北京：人民出版社，2001.

优则仕”的传统思想观念在普通大众心里仍然很深刻；另一方面这也反映出在当时尽管教育已经告别了只有达官显贵才有机会读书的时代，但是普通大众要想坚持长期读书仍然是很困难的，要为之付出许多。由于与当地封建势力格格不入，1909 年 3 月朱德毅然离乡出走找寻革命的真理，用朱德同志本人的话来说，在成都求学的这段难忘的经历是“伟大的道路”中“走向革命的起点”。这也反映了当时的一个重要现象，就是很多想通过体育救国的人在感到无望的情况下逐渐走上了革命的道路，体育办学在进行体育教育的同时也传播着革命思想。

从招生年龄来看，大通师范学堂要求年龄在十八岁以上，三十岁以下；重庆体育学堂规定年龄在十六岁以上，二十五岁以下；中国体操学校要求年龄在十六岁以上，二十四岁以下。根据“癸卯学制”的规定，十五岁是中学堂、初级师范学堂的入学年龄，二十岁到二十六岁是高等学堂、优级师范学堂的入学年龄段[①]。那么从招生年龄来看，体育学堂学生的入学年龄范围比较宽，跨越了中学堂到高等学堂的整个年龄段，这也从另一个方面反映了这一时期体育专业教育在层次属性上的混沌与模糊。从招生和毕业人数来看，根据朱赞卿对大通师范学堂体操科的回忆，毕业生“不多几天，果然到了八九十人”[②]。最终大通师范学堂体操科共有三期毕业生，学员数百人；江苏优级师范学堂体操科前后毕业了两届学生，共六十人；四川高等学堂附设体育学堂本科招学生两班，每班六十人左右；重庆体育学堂简章中曾写道：“本堂因系初办，暂募学生两班，

① 霍益萍．近代中国的高等教育［M］．上海：华东师范大学出版社，1999：69．

② 成都体育学院体育史研究所．中国近代体育史资料［M］．成都：四川教育出版社，1988：294．

每班以七十人至八十人为率”[①]；中国体操学校规定“本校本科生每一学年招生二次，于年假、暑假开学前招考，定额一百名”[②]。

这一时期的体育办学很多都在辛亥革命前后停办了，其中社会影响最大的当属中国体操学校。徐一冰等创办人的爱国心和事业心，“苦心孤诣、惨淡经营”，得以使学校立足20余年，且办学成绩卓著。该校学生有的在革命中慷慨就义，比如在淞沪之役中“第六期学生沈克刚等均为主义而成仁”。毕业生大部分从事体育教学事业，有的则在各地兴办体育专门学校。例如，上海东亚体专的傅球、庞醒跃，中国女子体育师范学校的华豪吾，上海中华武术会创办人吴志青，上海两江女子体育师范学校的陆礼华，杭州体育师范学校的蔡屈哉，广东体育专科学校的杨振峰，苏州中山体育专科学校创办人朱重明，苏州成烈体育专科学校创办人柳成烈，奉天体育学校创办人尚士元，上海童子军创始人顾拯来，学校体育课“三段式”教学法创始人王怀琪等，他们都是从中国体操学校走出来的佼佼者。“其他任教职于全国各级学校，及服务于体育机关。”[③]

---

① 重庆体育学堂.《广益丛报》第一六一号//成都体育学院体育史研究所. 中国近代体育史资料. 成都：四川教育出版社，1988：195-297.

② 中国体操学校章程.《体育杂志》第一期//成都体育学院体育史研究所. 中国近代体育史资料. 成都：四川教育出版社，1988：298.

③ 成都体育学院体育史研究所. 中国近代体育史资料［M］. 成都：四川教育出版社，1988：294.

第三节　萌芽时期中国体育专业教育的特点和历史意义

一、萌芽时期中国体育专业教育的特点

教育必须与社会发展相适应，这里的适应包含两个方面的意义：一方面，教育要受一定社会发展所制约；另一方面，教育要为社会发展服务[①]。高等体育教育的发展也必然遵循教育发展的规律。随着鸦片战争的爆发，在侵略者一系列的不平等条约桎梏和践踏下，中国社会一度出现亡国灭种的危机，告别落后的封建统治，转而学习和接受资本主义的经济、政治及文化教育制度就成为历史的必然。国内有识之士在“师夷长技以制夷”的理念下引进西洋兵操，加之在自强求富愿望下对日本教育制度的模仿，全国各地的新式学堂中普遍开设体育课，引起了社会对体育教师的大量需求，体育专业教育也应运而生并表现出这一时期的特点。第一，办学力量的多元性。体育专业教育办学主要来源于三方面：清政府、革命团体及留日归国毕业生。尽管三者皆因社会对体育师资的需求而得以产生与存在，但由于社会阶层的不同，他们还有各自不同的愿望与目的。清政府自然是为了维护自身的统治，培养人民的尚武精神以达到自强的目的；革命团体则是为了推翻腐朽的清政府，建立资产阶级民主国家，通过体育办学来培养自己的武装力量；留日归国毕业生则是期望在国内传播近代体育，通过体育来达到强身救国的目的。而正是由于办学不是从教育本身及其发展方面进行考虑，当各自的愿望与目的实现

① 潘懋元，王伟廉．高等教育学［M］．福州：福建教育出版社，2007：36．

或破灭后，办学是否有继续存在的必要就会受到重新审视，导致这一时期的体育专业教育大多数只存在了短暂的时间，随着辛亥革命的爆发许多都停止了办学。第二，教育层次的模糊性。一方面，在学制上高等学堂、优级师范学堂等明确划归高等教育；而另一方面，无论是从招生年龄、课程程度还是学习年限来看，这一时期的体育专业教育具有速成性质，并不能严格遵守学制中有关高等教育的规定，这与当时学校体育的普及与体育师资的匮乏之间矛盾的迫切性密切相关。有学者将清末的高等学堂、师范学堂等视为中等教育，就今天的标准来看有一定的道理，但正如有学者所言，高等教育作为教育的一个子域，是制度化教育的一个层次，即属于“高等”的层次，“这个‘高等’却不很容易讲清楚，在不同地区、不同国度、不同历史条件下，人们赋予它的含义是不尽相同的”[①]。第三，课程师资的仿日性。清末“癸卯学制”本身就是仿照日本学制所制，学校体育的普及也受到日本军国民主义思想的影响。从这一时期体育专业教育的课程设置中可以看到术科课程多为各式体操，并以兵式体操和器械体操为主。培养体育师资的教师中除了日本教习和留日归国的毕业生，还有许多从军事武备学堂毕业的学生，他们处处受到日本军国民主义思想的影响，使得近代体育最初在中国的传播充满了军事色彩，体育专业教育在这样的背景下也是如此。第四，学生使命的二重性。一方面是体育专业教育培养的学生肩负着充当中小学体育师资的责任，另一方面则是时代赋予他们的救亡图存、抵御外侮的历史使命。这一点在毕业学生的去向上表现更为明显，很多后来成为高等体育教育机构的创始人或服务于体育机关，而很多则在认清了国内外形势的情况下，毅然走向了革命的道路，成为辛亥革命的重要力量。

① 杜作润，廖文武．高等教育学［M］．上海：复旦大学出版社，2003：25．

二、萌芽时期中国体育专业教育的历史意义

萌芽时期体育专业教育的上述特点使其具有特殊的历史意义。第一，在近代社会发展方面，萌芽时期体育专业教育对于传统社会陋习的改造、革命武装力量的培育及革命进步思想的传播等都发挥了重要的作用。萌芽时期体育专业教育培养出的体育师资遍及整个学校体育的范围，在普及体育知识和技能的同时，革命组织以体育学校、科、系作为组织地点，团结民众，向人们进行爱国主义、反帝反封建的教育；在传播体育知识的同时扬武勇，耻文弱，荡涤诸如男尊女卑、重文轻武、封建迷信等封建礼教；提倡社会精神文明，振奋民族精神等。第二，在近代体育发展方面，帮助近代体育从军队走向学校、走向社会，使人们在体育认识上觉醒。萌芽时期体育专业教育受到日本教育的影响，使国人对于体育的认识是“外国教育必有体操，所以强其体魄，壮其胆气。养成不畏强敌，不慑雷霆之志。然后内之以靖国难，外之以拒强敌，驰骋于炮光爆毁、肉震血气之际而不惧”[①]。也就是说人们认为体育的主要作用在于军事上的强兵及出于对国家与民族长远利益考虑的强种强国。尽管这在一定程度上导致西方近代体育中田径、球类进入我国受到影响，但是通过体育专业教育培养体育师资来为学校体育教育提供师资保障，使重文轻武的社会风气有了一定的转变。第三，这一时期的体育专业教育为近代高等体育教育的建立奠定了基础。“癸卯学制”的颁布实施标志着近代高等教育制度开始确立。从学制上来看，高等学堂和大学堂的学科门类中尚无体育一门，从体育学校、科、系的课程学制来看，其具有速成的性质，教育层次属性较为模糊。但是在近代历史上出现了体育专门教

---

① 欧榘甲．论政变为中国不亡之关系//中国史学会．中国近代史资料丛刊 第 8 种 戊戌变法 第 3 册．上海：神州国光社，1953：157．

育机构，清末体育专业教育的出现是近代高等体育教育的萌芽。比如在课程设置方面分为学科课程和术科课程，这种分类方法基本构建了我国体育专业教育课程设置分类体系的基本框架，之后的课程设置只是在内容和各课程比例上发生变化，学科和术科这两类课程没有变化，即使是后来的选修和必修之分也没有脱离这种分类方法；再比如清末设立的体育学校、科、系办学宗旨单一，仅仅是为了培养体育师资。近代高等体育教育发展初期也一直延续了培养体育师资这一目的，但是在培养体育师资的同时，逐渐开始研究发展体育科学，在培养体育师资的过程中引发了人们对体育相关问题的思考，诸如体育原理、体育教学方法等。此外，最早的体育出版物开始出版，包括杂志《体育界》和书籍《体育原理》《体操上之生理》等以及体育教科书等。

第五章 近代中国高等体育教育的探索时期（1912—1926 年）

第一节 探索时期中国高等体育教育发展的背景

一、近代体育在社会思潮的嬗变中发展

1911 年 10 月资产阶级领导的辛亥革命推翻了丧权辱国的清王朝，结束了我国两千多年的封建制度。1912 年 1 月南京临时政府成立，并设立了教育部。著名的民主革命家和教育家蔡元培先生就任第一任教育总长，发表了《对教育方针之意见》[①]一文，表达了其初期的教育思想。这篇文章中蔡元培开始把军国民主义作为体育理念列入其教育思想。

军国民主义教育思想在清朝末年传入我国，并得到维新主义者的积

① 蔡元培．对教育方针之意见//陈学恂．中国近代教育文选．北京：人民教育出版社，2001：324－330．

极提倡。康有为在《上清帝第二书》[1]中就提出“以民为兵”的主张。梁启超更主张效仿古希腊斯巴达的军国民教育，他说斯巴达的教育“其宗旨在使斯巴达成为希腊最强之国。故先使其国人为军国民……故专务操练躯体，使之强壮”[2]。资产阶级民主革命派也提出军国民教育思想，著名的民主革命家陈天华在《警世钟》[3]里说：“国家是人人有份，应该人人皆兵。”邹容在《革命军》[4]一书中也说：“全国男子，有军国民之义务。”1903年，留日的中国学生在日本组织了军国民教育会，以“养成尚武精神，实行民族主义”为宗旨。1902年，蔡元培等在上海创办的爱国学社和爱国女学，徐锡麟、陶成章等创办的大通师范学堂等都实行军事训练和军事管理，就是遵循了军国民教育思想。当然，当时民主革命人士主张实行军国民教育，是出于爱国救国和推翻清朝封建统治的革命需要。改良主义失败使革命党人更加认识到必须通过武装斗争才能推翻清朝封建主义制度。因此，民主革命派的领导人孙中山、黄兴、蔡元培等都非常重视军事训练和体育。但是他们当时提出的各种主张和强调进行的军事训练与帝国主义的宗旨是不同的。我国正式把军国民教育列为学校教育的宗旨是在1906年，清廷学部颁布的教育宗旨中含有“尚武”一条，并提出“凡中小学堂各种教科书，必寓军国民主义”[5]，明确指出要实行军国民教育。其目的主要有三点：一是扩充士兵的来源达到强兵，以便

① 康有为. 上清帝第二书//郑天挺，翦伯赞. 中国通史参考资料：近代部分. 北京：中华书局，1965：29-51.

② 梁启超. 斯巴达之国民教育//陈漱渝，宋娜. 梁启超论教育. 福州：福建教育出版社，2016.

③ 陈天华. 警世钟//舒新城. 中国近代教育史资料·下册. 北京：人民教育出版社，1961：1017.

④ 邹容. 革命军［M］. 北京：中华书局，1971.

⑤ 学部. 奏陈教育宗旨折//璩鑫圭，唐良炎. 中国近代教育史资料汇编·学制演变. 上海：上海教育出版社，1991：537.

抵抗外侮和镇压人民；二是培养军事官吏，正如《学务纲要》中所说“中国素弱，士不知兵”，所以在各级学堂，特别是高等学堂中学生既要一律学习兵式体操，而且又要学习各国军政，使将来的文官也“稍娴戎略”；三是用军事纪律来控制和管理学生。辛亥革命后，1912 年南京临时政府教育部颁布的教育宗旨中更明确规定“以军国民教育辅之”，这与当时国内外形势有很大关系。1914 年第一次世界大战的爆发和 1915 年日本向袁世凯提出妄图灭亡中国的“二十一条”促使全国人民掀起了大规模的爱国运动，知识界和教育界纷纷提出要加强军国民教育，加强军事训练和体育教育，挽救国家危亡。军国民教育思潮在这个时期达到了高潮。

蔡元培是著名的教育家，又是政府的教育总长，他的军国民教育思想对教育也产生了很大的影响。他把教育分为五个方面：军国民教育、实利主义教育、公民道德教育、世界观教育和美感教育，并认为“五者，皆今日之教育所不可偏废者也”[①]。在讲到这五方面教育的性质时他说：“从心理各方面衡之，军国民主义毗于意志；实利主义毗于知识；德育兼意志情感二方面；美育毗于情感；而世界观则统三者而一之。以教育界之分言三育者衡之，军国民主义为体育；实利主义为智育；公民道德及美育皆毗于德育，而世界观则统三者而一之。以教育家之方法衡之，军国民主义、世界观、美育，皆为形式主义；实利主义为实质主义；德育则二者兼之。譬之人身，军国民主义者，筋骨也，用以自卫；实利主义者，胃肠也，用以营养；公民道德者，呼吸循环机也，周贯全体；美育者，神经系也，所以传导；世界观者，心理之作用也，附丽于神经系，

① 蔡元培．全国临时教育会议开会词//高平叔．蔡元培全集（第二卷）．北京：中华书局，1984：135－136．

而无迹象之可求。此即五者不可偏废之理也。”[①]然后他讲到各门课程中各方面教育所占的比重，“其内容则军国民主义当占百分之十，实利主义当占其四十，德育占其二十，美育占其二十五，而世界观则占五。……游戏，美育也；兵式体操，军国民主义也；普通体操，则兼美育与军国民主义二者”[②]。他明确地指出“军国民主义为体育”，始终强调身体健康与国家民族的复兴有着密切的关联。他在《真正的近代西洋教育》一文中明确表示，中国人身体羸弱，令人担忧，依靠一些弱不禁风的人上阵，保卫国土，岂能保证杀敌制胜？那么，国家面临着这样的困危应当怎么办？他认为：“军国民教育就个人而言，在补自卫力之不足；就国家言，在求国家之强盛。”[③]在当时的形势下，他提倡军国民教育一方面是为了抵抗外部帝国主义的侵略；另一方面为抑制内部军阀专政。当时蔡元培已经看到军国民主义已有衰落的征兆，但是他认为由于中国当时的险恶环境，仍然需要采取军国民教育。到了五四运动以后，他从欧洲考察归来就完全了解德国军国民教育的反动本质，从而改变了对军国民教育的看法。继蔡元培之后，任教育总长的范源濂当时也积极主张实行军国民教育。他在1914年发表了《今日世界大战中之我国教育》[④]一文，认为学校教育最重要的是“明世界之大事，示科学之重要，振尚武之精神，阐爱国之真义”。关于为什么要尚武，他说：“吾国人以爱和平著称于世界。和平固甚可爱也，然独惜光荣之和平，非不武之国民所得而爱

① 蔡元培．对教育方针之意见//陈学恂．中国近代教育文选．北京：人民教育出版社，2001：324－330．

② 蔡元培．对教育方针之意见//陈学恂．中国近代教育文选．北京：人民教育出版社，2001：324－330．

③ 蔡元培．真正的近代西洋体育//高平叔．蔡元培全集（第四卷）．北京：中华书局，1984：56．

④ 范源濂．今日世界大战中之我国教育//舒新城．中国近代教育史资料．北京：人民教育出版社，1961：1052．

之耳。……天下虽安，忘战必危。今日之天下安乎？否乎？故振起学者尚武之精神，又当务之急也。”于是他提出：“诚以充实国立之最良制度，莫如全国皆兵。”范源濂和蔡元培当时的军国民主义教育思想是具有代表性的，反映了在第一次世界大战期间，军国民主义思潮在我国达到了高潮。当时是把军国民主义作为军事训练、全民皆兵的代名词，和帝国主义军国民教育要旨是不同的。

辛亥革命后，在军国民教育继续发展的同时，社会上复古封建教育思想曾一度泛滥。辛亥革命只是推翻了帝制，留下来的许多大大小小的军阀官僚，仍然继续掌握军政大权，或摇身一变，成为新的军阀官僚。封建思想在社会上仍然顽固存在。袁世凯称帝、张勋复辟都反映了残余封建势力和思想的存在。辛亥革命后，在袁世凯的指使下又掀起了一股尊孔复古、保存“国粹”的逆流。国粹文化思潮当时在国外和国内同时发展，其在国外的发展有着较为明显的反清色彩，所以与革命派的关系密切；而在国内的发展则有着“抑西扬中”的基本文化取向，表现为文化保守。当时国内这种复古思想也反映在体育方面，就是所谓的“国粹体育”。当时安福系军阀马良编了一套“中华新武术”，受到了军阀及“国粹派”教育家们的支持，将其说成是“我国之国粹”。在保存国粹思想的影响下，1918 年第四次全国教育联合会及中学和专门学校校长会议的决议将武术作为军国民教育的补充，列入中等以上学校的体操课程中。北洋军阀政府的国会决议还把“新武术”定为学界必学的“中国式体操”。客观来讲，如果单纯以推广中国传统武术为目的自然是无可非议的，孙中山、蔡元培等当时也提倡武术。但是“国粹派”当时是期望借推广所谓“新武术”和所谓“国粹体育”之名来达到抵制奥林匹克运动、抵制民主与科学的新文化运动的目的，这种违背社会进步发展的思想和行为自然遭到了当时先进社会力量的猛烈抨击。正如鲁迅先生所说：“现在反对的，便在：（一）教育家都当作时髦东西，大有中国人非此不可之慨；（二）鼓吹的人，多带有‘鬼道精神’，极有危险的预兆。”[①]在当时提倡尚武和军国民教育的形式下，“新武术”客观上在一定程度起到了促进武术在学校发展的作用。特别是由于清末统治阶级对义和团的污蔑而一直忌避“拳术”或“武术”，而鲁迅先生的批评不仅有利于维护新文化运动的发展方向，而且也引导了近代中国民族传统体育的健康发展。辛亥革命后，提倡武术大多并不是出于保存国粹的思想，而是看到武术的价值，这不仅使很多学校采用武术以使学生锻炼身体，而且使我国这项主要民族传统体育活动逐渐恢复了它的名誉。

在帝国主义侵略和封建军阀的统治下，中国的一些进步知识分子发起反帝反封建的新文化运动。李大钊、鲁迅、胡适、蔡元培等一大批影响巨大的人物纷纷站出来，或撰写文章，或发表演讲，努力向国人进行民主与科学的思想启蒙，使之很快成为一种普遍的时代精神，从而推动了中国社会的变革和中国人的现代化过程。体育作为文化教育的组成部分，自然会受到感染和影响。在新文化运动中以兵操为主的军国民主义体育受到批判，不少科学论述体育的文章出现，近代体育引起了更为广泛的关注。政府当局迫于军国民主义思想的衰落及近代体育受到广大群众的欢迎不得不做出一些改革，近代体育得到更为广泛的发展。

二、近代高等教育制度从仿日变成仿美

辛亥革命结束了清王朝的封建统治，社会政体随之变化，自然要求文化教育亦随之改革。由于辛亥革命来得非常突然，资产阶级还来不及对清末的教育制度进行一番认真的清理和甄别。同时，由于辛亥革命前

---

① 鲁迅．拳术与拳匪//来风仪．鲁迅杂文．杭州：浙江文艺出版社，2009：26-28．

后民族资本主义经济尚无长足的发展，社会尚未提出更深层的改革要求。因此，民国初期的教育改革集中在剔除清末教育的封建内容上。例如，废除1906年学部颁布的清末教育宗旨；废止小学读经课和大学的经学科；废止清末的奖励出身；等等。民国初年教育部颁布了一系列法规，修订了“壬子癸丑学制”[①]，建立起新的学校系统。在高等教育方面，先后颁布了《专门学校令》《大学令》《公立私立专门学校规程》《大学规程》《私立大学规程》《高等师范学校规程》《高等师范学校课程标准》等一系列规制。除这些法令规制之外，民国初年教育部还对高等教育在发展过程中遇到的问题进行了讨论。最早在1912年的“中央临时教育会议”上，民国初年教育家根据中国国土辽阔、各地经济和文化发展极其不平衡的特点，提出了关于划区设置高等教育机关的设想，以期有计划地培养高等专门人才来带动各地的经济、文化发展。从民国初年的实际情况来看，出于各种原因这一设想并未全部付诸实践。相比较而言，高等师范教育发展较快。北京、广州、武昌、南京、成都、沈阳的六所高等师范学校于1912—1918年先后设立。民国初年划区设置高等教育机关的设想虽未能全部实现，但对以后高等教育的发展一直有影响。

我国清末民国初年的学制是模仿日本。民国初年的“壬子癸丑学制”取消了“癸卯学制”中的“高等学堂”段，清末时的高等实业学堂、法政学堂等改设专门学校。而大学和专门学校这两类学校的区别始终模糊不清。大学“以教授高深学术、养成硕学闳材、应国家需要为宗旨”[②]，专门学校“以教授高等学术，养成专门人才为宗旨”[①]；大学

① 璩鑫圭，唐良炎．中国近代教育史资料汇编·学制演变［M］．上海：上海教育出版社，1991．

② 教育部公布大学令（1912年10月24日部令第17号）//璩鑫圭，唐良炎．中国近代教育史资料汇编·学制演变．上海：上海教育出版社，1991：663．

设文、理、法、商、医、农、工七科，专门学校设法、医、药、农、工、商、美术、音乐、商船、外国语十类；学习年限大学预科三年、本科三至四年，专门学校预科一年、本科三年。可见除学习年限稍有不同外，宗旨、设科等无多差别。1917 年 5 月在国立高等学校校务讨论会上，时任北大校长的蔡元培首先提出了“大学改制”问题。他主张以学与术的不同来划分大学和专门学校。凡治学者称为大学，凡治术者称为专门学校。这一主张得到了出席国立高等学校校务讨论会的全体代表“一致赞同”。1917 年 9 月教育部据此颁布《修正大学令》②，规定大学分为七科，设二科以上者称为大学，设一科者称为某科大学。但是关于大学改制中提出的大学究竟应取什么样的体制、设哪些科、系的争论却远未结束。

1919 年五四运动以后，中国教育有个很重大的变化，即从模仿日本转向模仿美国。这种转变首先跟第一次世界大战后日、美两国在华影响的互为消长有关。第一次世界大战爆发后，其他帝国主义国家参加战争，无暇东顾，日本趁机加紧了对中国的全面侵略，1915 年又利用袁世凯复辟提出了企图灭亡中国的“二十一条”，极大地伤害了中国人民的感情，激起了中国人民的仇恨和反抗。国内的反日舆论顿时沸腾起来，反日运动在全国各地如火如荼地开展起来。与此相反的是美国在华的影响逐渐扩大，在各侵华帝国主义国家中，美国最为重视对中国的精神侵略和对文化教育的渗透。清末当中国新教育兴起以后，美国一直试图排除日本影响，千方百计与日本争夺中国教育、文化方

---

① 教育部公布专门学校令（1912 年 10 月 22 日部令第 16 号）//璩鑫圭，唐良炎．中国近代教育史资料汇编・学制演变．上海：上海教育出版社，1991：662．

② 教育部公布修正大学令（部令第 64 号）//璩鑫圭，唐良炎．中国近代教育史资料汇编・学制演变．上海：上海教育出版社，1991：815．

面的阵地。由此美国率先提出退还部分庚子赔款帮助中国培养留美学生，此举在国内知识界博得不少人的好感。第一次世界大战中，美国总统威尔逊号召公理战胜强权、民主击败专制，引起了中国人的共鸣，再加上美国一贯标榜应保持中国领土的完整，这又恰恰迎合了国内的反日情绪。就这样美国一步步排除了日本的影响，开始了它对中国教育、文化的全面渗透。

一方面，1919 年前后中国相继进行了新文化运动和五四运动，民主和科学成为激进的知识分子高举的两面大旗，数千年的封建文化和思想观念遭到了前所未有的批判和清理，各种各样的新思潮、新主义在教育界出现。恰巧这时以杜威为首的一批美国教育家联袂访华，杜威在华的两年多里做公开演讲 200 多场，足迹遍及中国 11 个省。杜威倡导实用主义教育学说，主张“儿童中心”“平民教育”“教育即生活，学校即社会”等，在某种程度上迎合了国内反封建教育的理论需要。此外，教育测量学、设计教学法等也在这一时期传入，更使中国人接触到了一种全新的、具有科学和理论色彩的教育理论体系。自此美国的教育理论在中国教育界广泛流传，逐渐取代了来自日本的理论，并开始深刻地影响中国的教育实践。

另一方面，留美学生群体的崛起对中国教育全面模仿美国和进一步近代化起到了积极的促进作用。1909 年清政府决定从是年起的最初四年，中国每年派一百名学生赴美留学，自第五年起，每年至少续派五十名学生。其中，仅清华学堂一校从 1911 年到 1929 年就先后选派赴美学生 1279 人。和留学其他国家学生相比，作为一个群体，留美学生有着十分明显的群体特点：具有较扎实深厚的专业科学知识，不少人获得较高的学位。比如，1925 年前归国的清华庚款留美学生中获得学士、硕士、博士学位者占 68%以上。其中出现了一批训练有素、专门从事教育及心理科学研究的人才，如郭秉文、蒋梦麟、陶行知等。当他们带着一种新的学术、思想、观念回国后，他们的活动便深深地影响着中国教育界，直接推动着这一时期中国教育改革的方向。第一，留美学生回国后大都在当时的教育行政部门、文化教育机构和教育学术团体中任职。留美学生直接进入各级教育行政部门，这给了他们直接参与和影响当时教育大政方针决策的机会。第二，留美学生成为当时教育理论研究的主力军。首先，他们自己创办刊物来建立自己的舆论阵地，或者为当时国内一些重要的教育刊物频频撰稿，有的则是某些刊物的特约撰稿人，再或者翻译外国教育名著；其次，他们对各级各类教育进行分门别类的深入研究并出版著作，这些著作有的是该领域的第一部著作，有的被誉为该领域的扛鼎之作。不少著作一出版即被作为教材广泛采用，而这些著作反过来又奠定了留美学生在教育科学各分支学科领域的学术地位。第三，留美学生成为近代高校行政管理和教学科研的重要力量。不少留美学生先后出任一些高校的校长、副校长、院长、副院长等。比如，蒋梦麟任职于北京大学，郭秉文任职于东南大学，竺可桢任职于浙江大学，梅贻琦任职于清华大学，等等。出任高校院系一级领导、当教务长的留美学生更是不计其数。他们恪尽职守，勇于开拓，成绩卓著，在各自学校的校史上留下了值得后人称道的一页。在高校教学科研方面，留美学生回国后迅速取代了原来不得不聘请的外国教习，成为高校师资的主要力量。由于他们在国外所学专业分布的面很广，接受过系统的专业知识学习，因此他们开设了大量的新课，承担了专业课的教学，使高校的课程设置更为充实，课程体系趋于完善。留美学生群的崛起对于近代中国高等教育产生了很大的影响，一方面大大提高了中国高等学校在教学、管理和学术研究等方面的水平，使一个相对独立的、较为完善的高等教育体系得以形成，推进了中国高等教育近代化的进程；另一方面他们还“搬回”

了美国的办学思想和教育制度，通过大胆改革直接促成了中国教育由模仿日本到模仿美国的转变。

三、学校体育的变化和运动竞赛的增加使体育专业教育有了更大的发展空间和社会需求

从辛亥革命到1922年这段时期，按照民国政府教育部的规定，学校的体操课仍然是以兵式体操、普通体操和游戏为主。这使得深受青少年欢迎的西方近代体育娱乐项目一直被排斥在学校体育之外。因此，学校的运动竞赛和运动会的项目也沿袭清末，以体操和游戏赛跑为主。尽管这类运动会中也有跳远和赛跑少数田径项目，但只是几十项比赛、表演项目中的一两项，不是主要的项目。民国初年的县联合运动会、省运动会也是这样[①]。辛亥革命后教会学校，特别是高等教会学校增多，当时学校运动竞赛还有另一种类型，就是在基督教青年会的组织下，在校际发展着以田径、球类为主的运动竞赛和运动会。在1910年和1914年的两届全运会上，以及1913年参加远东运动会的中国体育代表团组成人员中几乎是清一色的教会学校的学生代表，而公立学校学生能够参加者极少。面对这样的现状中国人在体育观念上开始发生变化。1914年春，徐一冰决意将中国体操学校的办学宗旨由创办初期的“提倡尚武精神”改为“提倡正当体育”，著名的“精武体操会”也在1914年将其组织改名为“精武体育会”。我国的公立学校开始接受教会学校的做法，在学校课外体育活动中大力提倡并开展近代田径、球类等运动项目。在1922年学制尚未改变以前，普通体操和兵式体操仍然是学校体操课的规定内容，田径、球类等运动则是安排在课外运动中进行，形成了学校体育双轨制的

---

① 苏竞存. 中国近代学校体育史［M］. 北京：人民教育出版社，1994：92.

特殊现象。这两种不同的体系，前者注重严肃齐整的机械式训练以灌输绝对服从的封建专制思想，后者则具有灵活有趣、活泼愉快的特点，可以培养资产阶级自由民主的观念。

第一次世界大战以后，各国体育伴随着新教育学说的流行和教育科学的发展都产生了不同程度的改进。在五四运动中，军国民主义体育进一步遭到进步人士的谴责，长沙雅礼学校、南京高等师范学校等率先自行废止兵操。在这种形势的冲击下，1919 年 10 月召开的第五届全国教育会联合会，经过调查也认为以兵操为主的军国民体育已不符合世界大势和教育潮流，于是通过了《改进学校体育案》①。1922 年 11 月《学校系统改革方案》②公布，将中小学学制改为六三三制。1923 年全国教育会联合会又公布了《中小学课程纲要》，规定“体操”名称改为“体育”，初中体育课的内容包括生理、卫生、体育三项，该种体育为必修科目，内容包括卫生法、健身法和其他运动。将兵操从体育课中剔除，体育课与课外活动内容逐步统一，田径、球类等运动在学校得到广泛开展，由此学校体育由双轨制转向欧美式的学校体育。随着学校体育在各个方面的变革，无论是体育教学还是体育科学的研究都不断地对体育专业人才的培养提出更高的诉求。

1912 年中华民国成立后，北洋军阀窃取了政权并投靠了帝国主义。帝国主义利用军阀加紧了对我国的侵略，在进行政治、经济侵略的同时还进行文化侵略，特别是美帝国主义通过基督教青年会和教会学校把持着我国的民间体育组织和社会体育竞赛活动。五四运动以前，中国的体

---

① 改进学校体育案（陈教育部）//国家体委体育文史工作委员会，全国体总文史资料编审委员会．中国近代体育议决案选编．北京：人民体育出版社，1990：9-10．

② 大总统颁布施行之学校系统改革（1922 年 11 月 1 日教令第 23 号）//璩鑫圭，唐良炎．中国近代教育史资料汇编·学制演变．上海：上海教育出版社，1991：989-992．

育竞赛组织和较大型的竞赛活动，几乎全被帝国主义国家所操纵，使用的裁判术语全用英语，竞赛用码制，田赛用英尺，甚至运动会的演讲、文件都是英语，殖民地色彩十分浓厚。五四运动激发了中国人民反对帝国主义、热爱祖国的热情和民族自尊心，广大人民和体育工作者提出了“收回体育主权”的口号，开展了向帝国主义收回体育主权的斗争。1923年在日本举行的第六届远东运动会上，美国人葛雷居然代表中国登台讲话，这更引起了国内人民和海外华侨的愤慨，广大群众和体育工作者纷纷要求建立中国人自己管理的体育组织，改变过去由美国基督教青年会操纵我国体育竞赛的局面。于是中国各地区陆续成立各种体育组织，由中国人自己组织举办各种活动和竞赛，并在运动竞赛中开始使用中国器材和中文比赛术语，逐步摆脱外国人的控制。20 世纪 20 年代后在华外籍人员的体育作用力下降，奥林匹克运动在中国的推进速度加快，除了全国运动会，各个地区也召开各自的体育运动会，特别是各地区体育联合会组织的纷纷成立，要求中国人具备独立自主发展和推进中国体育运动事业的能力，这就使我国体育专业教育有了更大的发展空间和社会需求。

第二节　探索时期中国高等体育教育发展的概貌

一、探索时期中国高等教育制度与高等体育教育机构设置

民国初年与北洋政府时期中国高等教育经历了逐渐近代化的过程，而高等体育教育也随之经历了从萌芽到初步形成的巨大变化。这一时

期共经历了两种学制，即民国初年政体变化后中华民国颁布的第一个学制——史称“壬子癸丑学制”[①]和 1922 年进行学制改革后颁布的新的学校系统——史称“新学制”[②]。

辛亥革命推翻清朝统治后政体发生变化，文化教育亦随之改革。1912 年著名教育家蔡元培出任民国第一任教育总长，他于 7 月在北京主持召开了“中央临时教育会议”，集中讨论民国有关教育的改革问题。在高等教育方面，民国初年教育部先后制定颁布了《专门学校令》《大学令》《专门学校规程》《大学规程》《高等师范学校规程》等一系列规制。和清末相比，“壬子癸丑学制”的框架结构没有根本性的变化，它依然以日本的教育制度为蓝本。民国初年的高等教育制度在纵向上分为大学预科、本科和大学院三级；在横向上除大学预科、本科和大学院外，另有专门学校和高等师范学校。取消了“癸卯学制”中的高等学堂，改为各省省立中学；将清末临时设置的大学预科列为学校系统中必不可少的一个阶段；大学本科分为文、理、法、商、医、农、工七科；允许私人或私法人设立大学；清末的高等实业学堂等均改为专门学校，专门学校包含法政、医学、药学、农业、工业、商业、美术、音乐、商船、外国语十类；清末的优级师范学堂到民国初年改为高等师范学校，程度略有提高，相当于大学本科二年级程度，统一收归国立；等等。

1914 年第一次世界大战爆发后各帝国主义国家忙于战争暂时放松了对我国的经济侵略。中国民族资本主义的发展获得了一个短暂的黄金时期，急切需要一定数量的技术工人、管理人员和商业财会人员等。高

---

① 璩鑫圭，唐良炎．中国近代教育史资料汇编·学制演变［M］．上海：上海教育出版社，1991．

② 璩鑫圭，唐良炎．中国近代教育史资料汇编·学制演变［M］．上海：上海教育出版社，1991．

等教育结构要随社会结构的发展变化而变化，要寻求主动适应经济政治和社会结构的最优化[①]。但民国初年的学制仍然是一种为升学服务的学制。这种学制学校种类单一、职业单一，仅为升学做准备；学习年限太长不经济，中学实行四年一贯制，规定省立，不利于小学毕业生入学，常使家境贫寒及年龄稍大学生中学辍学，“流生”现象十分严重，或者是大量中小学毕业生，因无一技之长，毕业后立即进入失业的行列。于是1915年在由各省教育会自行发起的民间组织——全国省教育会联合会第一届年会上提出了《改革学校系统草案》。经过自下而上几次三番的讨论、比较、试验，最终于1922年提出了新的学制系统——新学制。其中，关于高等教育的规定有：大学可设几科，也可设一科，单独设一科者称某科大学；大学修业年限为四到六年，师范大学为四年；大学采用选科制；因地方及学科的特殊性可设专门学校，招高中毕业生入校，修业年限在三年以上；大学级专门学校可附设专修科；大学教育科或师范大学可附设二年制师范专修科以补充初级中学师资不足等。新学制与之前法规的不同主要有三点：一是取消大学预科，使中学和高等学校直接衔接，高等教育的层次结构由三级变为两级；二是在大学中实行选科制，这是教学管理方面的重要改革；三是允许高等师范学校升格为大学，且独立设置。

民国初年与北洋军阀时期我国教育事业发展较快。全国小学生1912年为2 776 737人，1919年发展到5 772 231人。全国的中学1915年有444所，学生69 770人；1922年发展到547所，学生103 385人。全国学生1912年共为2 932 387人，1922年发展到5 320 364人[②]。随着学校的发展，需要大量的体育师资。在1923年的教育改革中，体育课的教材

---

① 潘懋元，王伟廉．高等教育学［M］．福州：福建教育出版社，2007：66.

② 教育部中国教育年鉴编审委员会．第一次中国教育年鉴［M］．上海：开明书店，1934.

改为以田径、球类、游戏为主，更需要培养新的体育师资。辛亥革命以前，一些培养体操教员的体操学校大多是私立且规模较小。在北洋军阀统治时期新开办了许多培养体育师资的体育学校或体育科、系，并随着中国近代高等教育和近代体育的发展，公立的高等师范学校也开始设立体育专修科、系，培养中学师资，近代高等体育教育开始形成并有了较大的发展（表5–1）。

表5–1　民国初年与北洋政府时期创办的主要体育学校和体育科、系

机构名称	性质	创建时间	备注
浙江体育专门学校	私立	1912年	原名浙江体育学校，后改名浙江体育专科学校
上海女子青年会体育师范学校	教会立	1915年	1924年并入金陵女子大学
南京高等师范学校体育专修科	国立	1916年	1923年改名国立东南大学，体育专修科改为体育系。1928年又改名国立中央大学。抗日战争时期迁至重庆，1938年增设体育专修科。1946年迁回南京。中华人民共和国成立后该校改名南京大学。1952年体育系并入上海体院
北京高等师范学校体育专修科	国立	1917年	1923年改名国立北京师范大学，体育专修科改为体育系。1929年改名北平师范大学。抗日战争时期迁至陕西城固县，改名西北师范学院。抗战胜利后北平师范大学复校，体育系部分师生迁回北平，恢复师大体育系。中华人民共和国成立后，该校改名为北京师范大学。1953年，以北京师范大学体育系为基础，成立中央体育学院（后改名为北京体育学院）。1959年，北京师范大学又设立体育系
广东高等师范学校体育专修科	国立	1918年	1923年改组为国立广东大学，1925年改名为国立中山大学
成烈体育专门学校	私立	1918年	原名中华体育学校，1919年改名苏州私立中华体育学校，1927年改名为苏州成烈体育专门学校。抗日战争时期停办，战后复校。1949年上海解放后并入上海体育学院

续表

机构名称	性质	创建时间	备注
上海东亚体育专科学校	私立	1918年	1941年停办。抗战胜利后，1947年在上海复校。1951年并入华东师范学院，后并入上海体育学院
北京私立体育学校	私立	1919年	1929年停办
南京私立体育学校	私立	1919年	
东南女子体育师范学校	私立	1919年	
成都高等师范学校体育专修科	国立	1920年	开设时名为音乐体育科，1929年改校名为成都师范大学，1930年改名为音体系，1931年该校并入国立四川大学
上海体育师范学校	私立	1921年	
浙江体育师范学校	私立	1921年	
上海两江女子体育师范学校	私立	1922年	
金陵女子大学体育科、系	教会立	1924年	抗日战争时迁成都，战后迁回南京。1952年，与南京大学体育系等校系合并成立上海体育学院
苏州私立中山体育专科学校	私立	1924年	创办时名为苏州中国体育专门学校。1927年改名苏州中山体育专门学校。1927年按规定正名为苏州私立中山体育专科学校
北京女子高等师范学校体育系	国立	1924年	开办两期后停办
私立上海沪江女子体育学校	私立	1924年	
奉天私立体育专科学校	私立	1924年	
东吴大学体育专修科	教会立	1924年	
西南体育专科学校	私立	1925年	
国立成都大学体育系	国立	1925年	1931年合并为四川大学

续表

机构名称	性质	创建时间	备注
辽宁省立师范学校体育科	省立	1926年	
北京民国大学体育科	私立	1926年	

资料来源：

[1] 学校体育大辞典编委会. 学校体育大辞典［M］. 武汉：武汉工业大学出版社，1994.

[2] 成都体育学院体育史研究所. 中国近代体育史资料［M］. 成都：四川教育出版社，1988.

[3] 体育文史资料编审委员会. 体育史料（第一辑）［M］. 北京：人民体育出版社，1980.

[4] 国家体委体育文史工作委员会，中国体育史学会. 中国近代体育史［M］. 北京：北京体育学院出版社，1989.

[5] 中国大百科全书出版社编辑部. 中国大百科全书：体育［M］. 北京：中国大百科全书出版社，1982.

民国初年与北洋政府时期的高等体育教育在办学形式上主要有体育学校和体育科、系，在办学类型上主要有公立、私立和教会所立，其中私立较多，公立办学以国立为主，这与这一时期高等教育制度的改革与发展密切相关。第一，1912 年教育部颁布了《专门学校令》①，除了规定将清末的高等实业学堂改设专门学校外，还对私立专门学校做了明确的规定，其中包括准许私人办设专门学校，“凡私人或私法人筹集经费”，称为私立专门学校，公立或私立专门学校的设立、变更、废止，“均须呈报教育总长得其认可”。因此，这一时期有机会创办许多私立体育专门学校。然而在规定的十类专门学校中却无体育一类。究其原因，一方面是在清末人们对体育的理解停留在充满军事色彩的体操层面，用“体育”一词正式代替“体操”一词是在 1923 年，尽管在这以前体育的形式就已

① 教育部公布专门学校令（1912 年 10 月 23 日部令第 16 号）//璩鑫圭，唐良炎. 中国近代教育史资料汇编・学制演变. 上海：上海教育出版社，1991：662.

经多样化了，但这也从侧面客观反映了国内对体育理解和认识的滞后性，与之相应的是对体育专业教育理解的局限性，人们对体育专业教育的理解仅仅局限于对体育师资的培养，并未认识到体育更深刻、更广泛的用途和研究价值。另一方面是旧思想、旧观念仍未破除。正如法政学堂的畸形发展一样，法政学堂的培养目标使人们误以为其将取代科举成为新的做官途径。再者民族资本主义经济迅速发展，使得农、工、商、法等人才成为直接需要，而私立学校多靠自筹经费，其中学费是很重要的来源，那么考虑到招生就业自然更倾向于能直接带来经济效益的学科。第二，清末官方提出设置体育专门教育机构最早是由清廷学部规定于省城师范附设体操专修科，目的是培养小学体操教习，而省城师范学堂多为优级师范学堂，一方面民国初年颁布的《师范教育令》将清末的优级师范学堂改为高等师范学校，由原来的省立改为国立，另一方面清末全国大多数省基本上都建立了优级师范学堂，将这些转化的高等师范学校全部设为国立是不可能的，于是提出了高等师范区制的规定，将全国划分为六大高等师范区，在各区中心城市即北京、南京、武汉、成都、广州、沈阳各设高等师范学校一所。1912 年到 1918 年，六所高等师范学校，或是原先已设立，或是改设或者新设，要保证全国范围内对中学教员等的需求。随着近代学校体育的发展以及对体育师资的需求，这些高等师范学校自然而然要承担起培养体育师资的使命并走在前列。与此同时，这也标志着官立体育办学随着其所依附的高等师范教育的管理体制由以往的地方分权走向中央集权。

1912 年著名教育家蔡元培出任民国第一任教育总长，他对于清末教育的核心内容忠君、尊孔坚决予以否认。他主张通过教育真正造就一代新人以捍卫民国的共和政体。1912 年 9 月教育部公布了新的教育宗旨是“注重道德教育，以实利教育、军国民教育辅之，更以美感教育完成其道德”[①]。它表明了民国初年教育和清末教育在阶级性、思想性方面的根本不同。民国初年的大学分为七科，无体育一科，高等体育教育办学层次与类型主要是公立高等师范学校中的体育专修科、私立体育专门学校和教会大学体育科、系。高等师范学校以培养中学、师范学校教员为目的；专门学校则以教授高等学术、养成专门人才为宗旨；而教会最初是以培养为教会服务的牧师、教师和外国在中国经营企事业服务的人员为目的创设各级学校。但是教会大学在充当基督教文化与近代西方文明的载体的同时又处在东方传统文化环境与氛围中，因而不可避免地要逐步走向世俗化、本土化。在这个过程中其宗教功能逐渐减弱，教育功能日益增强，一方面通过教育培养专业的人才，另一方面借助在校师生的专业知识与能力进行实践，直接在若干领域为中国的社会进步做出重要贡献。那么民国初年与北洋政府时期的高等体育教育在创立的过程中必然要与相应的办学层次所要求的宗旨在大方向上保持一致，并在办学实践中逐渐形成各自的特点。本书根据所掌握的资料于各类型中选择一个进行举例分析。

二、探索时期中国公立高等体育教育的发展——以南京高等师范学校体育专修科为例

（一）办学宗旨

救亡图存几乎伴随了中国社会近代化的整个过程，体育被认为是强国的手段，在 19 世纪末 20 世纪初舆论中得到了大力宣扬。中华民国成立后，时任教育总长蔡元培提倡尚武精神，大力推行军国民教育思想，希望利用体育达到强民强国的效果，从而抵抗帝国主义的侵略。但是军国

① 教育部公布教育宗旨令（1912 年 9 月 2 日部令第 2 号）//璩鑫圭，唐良炎．中国近代教育史资料汇编・学制演变．上海：上海教育出版社，1991：651．

民体育教育存在训练动作单一、学生学习兴趣低等诸多问题，而青年会开展的田径和球类等活动相较于兵式体操显然更加活泼有趣，获得了学生们的喜爱，进而在各学校被模仿学习。而与此同时，面对西方文化在中国的强势发展，以章太炎、刘师培为首的部分知识分子要求重新评估重视中国的传统文化，回归自身民族传统，以达到“保种、爱国、存学”的目的，武术以国粹的名义被纳入各级学校课程系统，其根本目的是通过锻炼国民的身体达到强国。

南京高等师范学校体育专修科（以下简称南高师体育专修科）在这样的背景下成立。中国体操学校毕业的孔廉白曾撰文直言道，南高师设置“社会轻视”的体育专修科，根本目的是强国[①]。南高师的办学宗旨中也指出“当今学校对体育理解不正确，往往将机械的体操视为体育，弊端逐渐显露。为了培养体格强健、德智合格的强国之民，解决‘教员难得、方法不完’的问题，特开此科”[②]。另外，一方面南高师的很多体育教师具有留学欧美的经历，他们所教授的学科也大都是以欧美相关学说为主流；另一方面由于南京地邻上海，青年会推行的自然主义体育在地方人士中已得到直接或间接的认同。这两个因素为自然主义体育思想进入南高师提供了良好的外部条件。南高师体育专修科开办旨趣明言：“技能与理论结合，以健康为体，以技能为用，取各派体育之精华，与德育、智育相结合，兼有军事常识，得发展军国民精神”[③]，也就是以自然主义体育思想为主，对军国民体育和中国传统体育采取兼收并蓄的办法。随着南高师引进欧美籍教授和外派学生，对欧美的体育教育有了进一步的了解后，1920 年南高师在当局没有改变体操课规定的情况下，自主宣布

① 孔廉白. 对于南京高等师校添设体育专科之感言 [J]. 京师教育报，1916（26）：9-12.
② 南京高等师范学校体育专修科旨趣书 [J]. 京师教育报，1916（26）：4-5.
③ 南京高等师范学校体育专修科旨趣书 [J]. 京师教育报，1916（26）：4-5.

废止兵操，为自然主义体育思想在中国的传播起到了客观的促进作用。后来在麦克乐及师从自然主义体育思想代表人物威廉姆斯的吴蕴瑞等人的积极倡导下，南高师逐渐发展成为自然主义体育思想的重要阵地，对中国近代体育产生了深刻而久远的影响。

（二）课程设置

南高师创立于1915年，1916年开设体育专修科，学制两年，第二年改为三年。从第一届学生课程设置来看，体育课程依然是分为学科和术科两个部分，学科课程包括公共课和与体育相关的理论知识。课程设置总体上反映了课程设计者对当时社会上流行的军国民体育思想、国粹主义体育思想和自然主义体育思想采取兼收并蓄的态度。军国民体育思想范畴的课程完全是为作战所用的，包括了军事学、兵式体操、器械体操等，军事学主要学习内容包括行军宿营、军队编制、战斗和侦探等。首先，这是由于这些课程本身具有重要体育价值。其次，是考虑到当时所处的国际形势。体育专修科开办之时，国内报纸等对德国军队横扫欧陆、兵锋正芒，并即将赢得这场战争的报道使人们对强权充满了崇拜和赞美。这又使得近代中国的精英分子看到了强国的可能之道，一部分精英分子认为先进的体育教育是德国表现强大并即将赢得战争胜利的原因。屈辱记忆使得世界上的任何强国思想都会有中国版本的解读，因而保留相关的军事化课程成为理所应当的逻辑推论。再次，蔡元培作为中华民国教育总长推崇军国民教育理念成为政府层面的教育宗旨，在教育界自然也会产生很大的影响。中国传统体育精髓的传播是通过开设教授中国传统武术项目的体育课，包括七种中国拳术，如长拳、罗汉拳等，还有刀、枪、棍、剑等。在南高师的课程设置中，术科课程所占课时不到三成，每周固定为9小时；而理论课程占了大部分，尤其重视解剖学、生理学、运动生理学，解剖学甚至一度在第一学年第二学期占到了总课时的1/3。体育专修科当时还聘请了一些美国籍教师，所使用的教材有些是英文原版，学生必须提高自己的英文能力才能更好地学习专业知识，因此英语课程在公共课程中较为重要。总体上能够看出，南高师体育专修科的课程设置表现出以自然主义体育思想为主，兼有军国民体育和中国传统体育精髓的特点（表5–2）。

表5–2　民国初年与北洋政府时期南高师体育专修科课程设置情况

机构名称	课程设置
南高师体育专修科（1921年成立东南大学，下设体育系）	（第一届学生所开设的课程） 学科课程：伦理、国文、英文、生物学、生理学、运动生理学、解剖学、解剖术、组织学、人体测量学、急救术、个人卫生、公共卫生、心理学、教育史、教育原理、体育史、体育哲理、体育管理、关于体育之建筑及设备、游戏运动及游戏运动场、身体审断法、个人运动与选配、社会学、用器画、音乐、兵学 术科课程：走步、柔软行动操、游戏舞蹈、器械体操、游戏、活泼器械操、垫上运动、相搏运动、中西技击、中西拳术、田径赛运动、兵式教练（东南大学体育系实行选科制） 普通学程：英文、国文、社会学大意、生物学、世界大势、哲学入门、科学发达史、体育（体育系学生以术科代）、择业指导（体育系还须学习物理、无机化学、有机及生理化学、细菌学、社会学） 专修学程：教育通论、教育心理学大纲、教育统计 主、辅系学程 任选学程

资料来源：

［1］成都体育学院体育史研究所．中国近代体育史资料［M］．成都：四川教育出版社，1988.

［2］国家体委体育文史工作委员会，中国体育史学会．中国近代体育史［M］．北京：北京体育学院出版社，1989.

［3］体育文史资料编审委员会．体育史料（第八辑）［M］．北京：人民体育出版社，1982.

［4］罗时铭．中国体育通史·第三卷（1840—1926年）［M］．北京：人民体育出版社，2008.

五四运动之后教育界呈现出一片活跃的新气象。南高师校长郭秉文认为："民国初年，教育部划分大学区域，分四学区或六学区，南京总为大学地点之一，其后，以国家多事未能实行，而南京地方以历史和地理上东南学子之需求上种种关系，改高师为大学尤为当务之急。”[①]经过几番周折，1921 年东南大学成立，其教育科下设教育系、心理系和体育系，是在南高师的教育专修科、体育专修科的基础上组建而成的。学校决定学制由过去的三年改为四年，1922 年开始招收四年制学生[②]。郭秉文在东南大学强调给学生打下一个扎实、宽厚的知识基础，在国内首创设置主、辅系课程的方法，具体要求学生在校期间除了主学本系全部课程外，还必须选一辅系，修其一半课程，另外还得选修其他科的若干课程。具体对于体育系学生的要求是首先必须学习所有教育科学生都必须学习的普通课程且必须修满 39 学分，包括英文、国文、社会学、生物学等，还有专修课程，包括教育通论、教育统计等。此外，还开设主、辅系学程，选体育为主系者，须在体育系所开学程中修满 67 学分，同时，凡教育科学生必须于辅系学程中修 20 学分[③]。由此可知，当时体育系学生学习的课程已经较为全面，课程设置也越来越科学化。

（三）师资力量

南高师的校长郭秉文在为南高师体育专修科聘请名师方面做出了重要的努力和贡献。他本人毕业于具有教会背景的上海清心书院，后来到哥伦比亚大学学习教育学，深受自然主义思想的深刻影响，认为体育是德育和智育的基础，于是在担任南高师教务主任后便有意开办体育专修

---

① 郭秉文报告，冯泽芳记录．筹备东南大学之经过（1920 年 12 月 15 日）//《南大百年实录》编写组．南大百年实录：中央大学史料选（上卷）．南京：南京大学出版社，2002：107．

② 《南大百年实录》编写组．南大百年实录：中央大学史料选（上卷）[M]．南京：南京大学出版社，2002：172．

③ 《南大百年实录》编写组．南大百年实录：中央大学史料选（上卷）[M]．南京：南京大学出版社，2002：193．

科。他与当时在上海基督教青年会工作的美国人麦克乐商议后，麦克乐同意出任科主任，但麦克乐一个人并不能完成所有的教学任务，于是郭秉文又聘请了在当时刚刚举行的第二届远东运动会上表现优异的张信孚和卢颂恩两人担任助教，以解决球类、田径项目师资缺乏的问题。张信孚毕业于南洋公学体育系，擅长球类项目；卢颂恩毕业于东吴大学体育系，擅长田径项目。军国民课程聘请了有军校或留日经历的人员讲授，比如杨洱珊、陆佩首、常慎庄、叶发、爱勃纳等。中国传统武术项目的课程聘请了参加过马良改良中国武术活动的于振生、尹占魁来教授。此外，郭秉文还聘请了王弼臣和赵士法等有青年会背景的人士讲授部分理论课程。1917 年，因青年会事务繁忙，麦克乐辞职，学校又聘请了祁屋克接任主任。麦克乐先生在郭秉文校长的盛情邀请下于 1920 年第二次来到中国，被任命为东南大学的体育系主任，并一直担任这一职务直到回国。

麦克乐为我国高等体育教育做出了不可磨灭的贡献，为我国体育近代化开创了许多先河。第一，他继承和推广自然主义体育的精髓和主旨，并使之在中国得以传播。19 世纪下半叶军国民主义体育思想传入中国，并且一度成为对我国学校体育影响最大的主旨思想。第一次世界大战结束后，这种思想才逐渐走向衰落。在新文化运动兴起的背景下，麦克乐提炼了西方体育理论，加快了军国民思想退出历史舞台的步伐。自然主义教育在国外有多种角度的不同论述，到了 20 世纪，经历了美国教育家杜威的综合论述、哥伦比亚大学教授威廉姆斯的立论后，自然主义体育思想在美国逐渐形成一股热潮。麦克乐是威廉姆斯的学生，也曾在哥伦比亚大学担任教授，他的体育思想自然受到老师的影响。麦克乐不仅继承了自然主义体育的精髓，而且将其体现在《体育的哲学》一书中并加以推广。该书认为体育应当归属实验教育，体育教学选定教材应以爬、掷、跳、跑、投等自然活动为主要内容，而不应当崇尚兵操教育。此外，麦克乐还曾担任《新教育》杂志中“小学教育号”专刊的主编，在中国期间一共发表了百余篇论文，其中与体育思想有关的多达二十篇，分别发表在《新教育》《体育季刊》《中华基督教会年鉴》等刊物上，促进了自然主义体育思想在中国的传播与接受，大大促进了中国人体育观念的转变。第二，麦克乐编写教材，创办刊物，加强了体育学术研究工作。在担任南高师体育专修科主任时，麦克乐编写了许多体育教材用书，包括《网球》（1917年）、《篮球》（1918 年）、《柔软体操》（1919 年）、《体育教育系统之基础》（1920 年）等。它们是中国具有开创性的最早的体育教科书，对当时体育教材之欠缺问题的解决起到了关键作用。其中《体操释名》是我国近代第一本体育术语用书，当时许多近代西方体育项目在我国刚刚兴起，这部著作对于规范体育术语、普及体育用语起到了指导性作用。1921 年麦克乐编制了“竞技运动能力检验之用途及其分数表”“体育审定标准”“运动技术标准”“体重与体高和胸围的对照表”“测量肺部的研究”等，率众进行了体育方面的许多科学研究工作，其中影响最大的是人体测量方面的研究；麦克乐以东南大学体育系为基地创办了《体育季刊》等杂志；1922 年他带领一批中国体育学者共同进行研究，组织创设全国体育研究会等。这些对于我国体育科学定量研究和评价的开创、体育界学术研究风气的形成等都产生了极为深远的影响。

此外，南高师还非常重视对教师的培养，送卢颂恩去美国学习。《本校派员卢颂恩赴美学体育约书》中记录了南高师呈请教育部核准派送留学的约书：“一、所学科目以体育为限；二、留学时间至多三年；三、留学期内每月由校津贴银圆叁拾元；四、回国后在校服务期限倍于留学时期；五、服务期内薪水至少照在校时原俸致送……”[①]从约书中可以看出，南高师给予赴美学习教师充足的经费保障，使其在留学期间能够专心研修体育，而不用为生计担忧。尽管南高师已经拥有了麦克乐这样的优秀教师，但仍然注重培养国内青年教师，这既体现出南高师在高等体育教育方面的前瞻性与先进性，也客观反映了公立高校在资源和经费上的优越性，这是私立高校所无法相比的。

（四）学生情况

南高师体育专修科在刚开始招生时遇到重重困难，仅招收学生 23 名，来自江苏、浙江、湖南、安徽、江西各省。第一届学生毕业后续招了第二届，后因条件逐渐改善，自 1922 年起，每年均招收新生一班。南高师在入学资格方面要求报考者必须是中学或初级师范学校毕业，达到入学资格者可由各省行政长官或教育部主管部门报送，也可直接向学校投考，通过入学考试方成为学校学生。南高师体育专修科的招生除了上述要求外，还有与其他学科几乎完全不同的特色要求。入学考试中特别增开体格检查项目，要求报考者体格强壮，报考者必须严格检查身体并提交一份详细的身体检查表。报考年龄在 18—24 岁的学生，入学考试时还要测试体操[②]。也正是因为如此，相较于其他专修科的学生，尽管体育专修科学生可以享受食宿免费的待遇，但报考者仍然很少，这使校方不得不在学校主流媒体上刊登缺额广告，以期通过该校师生网罗招收到学生。

这一时期虽然毕业生的人数很少，但是这些毕业生质量较好，对我

① 《南大百年实录》编写组．南大百年实录：中央大学史料选（上卷）[M]．南京：南京大学出版社，2002：83．

② 《南大百年实录》编写组．南大百年实录：中央大学史料选（上卷）[M]．南京：南京大学出版社，2002：78-84．

国学校体育的发展起到了很好的促进作用。郭秉文在1918年10月《关于本校概况报告书》[①]中说："本年六月，体育专修科毕业学生，当近毕业时，已由各中学及师范预先函聘，此可以见本校所设之专修科与社会之需要，不背也。"因属于公费教育，体育专修科的毕业生按规定都要服务两年，服务期过后可以自由择业。从服务期结束后的工作去向统计数据来看，其与当时法政专业毕业生严重失业的情况形成了鲜明的对比。南高师体育专修科毕业生基本还在从事体育教育事业或相关的行政工作，就业仍然不错。南高师毕业生邵汝干创办了南京体育师范学校，须家祯创办了私立中华体育学校，吴蕴瑞也是早年毕业于南高师的突出毕业生[②]。南高师体育专修科的创办为我国早期高等体育教育提供了优秀的体育师资，为促进中国体育事业的发展做出了巨大贡献。

（五）小结

继南高师于1916年设立体操专修科后，北高师在1917年、广东高师在1918年、成都高师在1920年相继设立了体操专修科。尽管民国初年和北洋政府时期，救亡图存的背景下体育作为一种手段成为舆论热点，对体育师资的需求是体育学校和体育科、系开设的直接动因，但随着近代体育在中国社会的传播，人们对体育的理解也在不断地发展变化，探索时期公立高等体育教育也表现出这一时期的特点。在办学宗旨上，不再仅仅局限于对体育师资的培养，还注重体育行政、体育管理人才等的培养，正如南高师决定设立体育专修科时"以养成中等以上各学校、地方公共体育场体育主任及管理员为宗旨"的表述，设体育管理、关于体育之建筑及设备等课程。在课程设置上，探索时期受到不同体育思想

---

① 《南大百年实录》编写组．南大百年实录：中央大学史料选（上卷）[M]．南京：南京大学出版社，2002：52-64.

② 储志东．百年南师 百年体育[M]．南京：南京师范大学出版社，2016：13.

消长的影响，体育课程表现出兼容并包的特点，既有属于军国民体育思想范畴的兵操军事学、兵式体操、器械体操等课程，又有体现自然主义体育思想的田径、游戏、舞蹈等课程，还有中国传统武术中的枪、棍、刀、剑等项目。在修业年限上，经历了从两年到三年再到四年的尝试。课程分类比例与清末相比发生了巨大的变化，学科课程的比例大大超过了术科课程的比例，同一时期的北高师体育科的课程设置也是如此。这一方面反映出高等体育教育“不是培养专业的运动员，而是培养理论与技能合一的高级师资人才”[①]，另一方面也客观上体现了体育科学的发展促进了体育学科建设的发展。在师资与学生方面，公立学校表现出一定的优越性，在南高师有美籍教师与赴美交流的教师，在北高师有留学日本的教师来担任体操课的教学，也聘用过美国人和英国人担任体育原理、体操和舞蹈等课程的教学[②]；南高师的学生除了在附属中学实习外，还有些曾到上海青年会体育部实习，在那里他们有机会分组参观“本国及各国所设学校及关于体育各机关”，大大开阔了眼界。尽管近代体育较清末有了巨大的发展，但社会上对于体育的偏见仍然难以彻底转变，体育教师的社会地位仍然得不到应有的认可，所以即使是在社会资源相对优越的公立高等体育教育办学中也存在招生困难的问题。南高师最初不得不在主流媒体上刊登缺额广告，北高师在最初创办时只招收一个班，等学生毕业后再招一个班，当然这也与当时严格的招生制度有关。即便如此，严格的招生制度、高质量的教学及社会对体育人才的现实需求，使得毕业生有着很好的就业去向，随着时间的推移这又客观上促进了招生情况的好转。

---

① 储志东．百年南师 百年体育［M］．南京：南京师范大学出版社，2016：13．

② 罗时铭．中国体育通史·第三卷（1840—1926年）［M］．北京：人民体育出版社，2008：261．

三、探索时期中国私立高等体育教育的发展——以上海东亚体育专科学校为例

（一）办学宗旨

上海东亚体育专科学校（以下简称上海东亚体专）于 1918 年 8 月由留美学生傅朗斋与留日学生庞醒跃二人创办，二人都是专攻体育。创办者提倡体育必须创办体育学校，培养体育师资，方能达到增强国民体魄，洗刷“东亚病夫”耻辱的目的[①]。正如其校歌中所言：“泱泱中华大国风，轩辕神胄征西东，看河朔健儿好身手，看江淮流域多英雄，况今世界潮流欧美冲三岛逼邻封，保家保国仗武功、仗武功，锻炼我身心，陶冶我心胸，真体充，横太空，但言东亚责任在予功。”[②]

（二）课程设置

上海东亚体专学制两年，建校初期课程门类较少，所开设的课程主要有学科和术科两大类。学科课程有国文、英文、生理学、解剖学、人体测量学、体育哲学与管理、运动裁判法和音乐等；术科课程有田径、球类（包括篮球、排球、垒球）、国术、器械体操（包括单杠、双杠、木马、跳箱、平台等）、普通体操（包括徒手体操、球杆、哑铃、棍棒操等）和舞蹈[③]。为促进学生技术水平的提高，学校每学期会按照季节安排各类比赛项目，主要有足球、篮球、排球、垒球、田径和国术六种，规定全体学生必须按时参加比赛。为培养学生的体育教学和实践能力，首先，

① 体育文史资料编审委员会．体育史料（第十辑）[M]．北京：人民体育出版社，1984：7.

② 体育文史资料编审委员会．体育史料（第十辑）[M]．北京：人民体育出版社，1984：7.

③ 体育文史资料编审委员会．体育史料（第十辑）[M]．北京：人民体育出版社，1984：8.

学校要求在第二学年第二学期时，每次体操教学课均安排两名学生试教，由学生自编教材，教课结束后教师根据学生试教情况给予讲评；其次，学校会安排学生到一些校外中学去观看经验丰富的体育教师上课，学习他们的教学方法；再次，学校每学年会分别安排学生担任校内各项比赛的裁判职务，同时联系校外裁判实习工作，以加强学生各种裁判能力，比如与上海南市公共体育场约定“凡该场举行的各项比赛，如可供学生学习实习裁判的，均由学校指派合适学生担任”[①]。

（三）师资力量

上海东亚体专在建校伊始得到时任北京大学校长蔡元培、环球中国学生会总干事朱少屏、上海南市体育场场长王壮飞、暨南大学校务委员会委员陈梦渔等社会知名人士的赞助，并请朱少屏兼任名誉校长，庞醒跃任学校干事，实际执行校长职务[②]。当时该校曾聘请我国著名的体育家董守义和体育界知名人士王壮飞、马振亚、徐希一、孙和宾、邹彬芳等任教。庞醒跃为上海东亚体专的发展做出了重要的贡献。第一，当时国内体育学校存在忽视学理研究而偏重运动技艺的情况，学体育者常被人诟辱“四肢发达，头脑简单”，庞醒跃便在上海东亚体专强调学术并重，在加强对学生体育实践能力培养的同时鼓励学生们多写文章和钻研学术理论，他自己也先后撰写了《体育哲理》《体育管理》两本书来供学生学习。第二，1919 年 12 月在庞醒跃领导下由学校师生合写文章，以上海东亚体专编辑部名义出版十六开本的东亚体专校刊，供在校学生课外进修参考，校外人员亦可订阅，内容有体育教材教法、图画、音乐、论述、研究及对学校各项措施和各地毕业生状况的报道等，成为当时国内闻名

① 体育文史资料编审委员会．体育史料（第十辑）[M]．北京：人民体育出版社，1984：8．

② 体育文史资料编审委员会．体育史料（第七辑）[M]．北京：人民体育出版社，1982：33．

的综合性体育刊物之一，但是在 1923 年 7 月出版第四期后由于经费困难而停刊[①]。

（四）学生情况

上海东亚体专于 1918 年暑假接收中国体操学校一、二年级几十名学生为第一批学生，并定二年级学生为第一届、一年级学生为第二届，同时又招收三十余名学生为第三届，此后每年寒、暑假各招生一届，每届三十到五十名学生[②]。学生主要是来自全国各省、市的中学生与南洋的华侨子弟。1921 年由于社会需要又附设高中体育师范科。1918 年至 1927 年，东亚体专共招生二十一届，培养师资六百余人，遍布全国各省、市[③]。每届学生除大部分在毕业前应聘回本省各大、中学任教外，尚有南洋华侨学校来函聘请的。对此学校都在毕业前根据学生个人志愿予以介绍前去。因此，在全国各地及南洋各地区的大、中学校，无不有它培育出来的学生任教，为上海东亚体专在全国博得一定声望奠定了基础[④]。

（五）小结

探索时期随着高等教育的发展有了专门针对私立院校与专科学校的法规制度，比如《专门学校令》《公立私立专门学校规程》《私立大学规程》等，高等教育得到了进一步的规范。然而在规定的十类专门学校中

① 体育文史资料编审委员会．体育史料（第十辑）[M]．北京：人民体育出版社，1984：8．

② 体育文史资料编审委员会．体育史料（第十辑）[M]．北京：人民体育出版社，1984：8．

③ 体育文史资料编审委员会．体育史料（第十辑）[M]．北京：人民体育出版社，1984：10．

④ 体育文史资料编审委员会．体育史料（第七辑）[M]．北京：人民体育出版社，1982：34．

却无体育一类，这从侧面反映了国内对体育理解和认识的滞后性及对体育专业教育理解的局限性，人们对体育专业教育的理解仅仅局限于对体育师资的培养，并未认识到体育更广泛的用途和更重要的研究价值。但社会对体育师资的现实需求仍然使得私立体育专门学校在这一时期发展起来，上海东亚体专及苏州中山体专的建立都与中国体操学校有着密切的关系。上海东亚体专的建立得到了中国体操学校毕业生的赞同与支持，苏州中山体专则由中国体操学校的校友于其停办的同年创办，目的在于“增强中华民族的体质，洗刷‘东亚病夫’之耻辱”，并以“培养体育师资，强身强种，卫国御侮”作为立校精神①。在办学宗旨上，探索时期创办的私立体育专门学校延续了体育对于国家有强身强种作用的认识，学校的建立饱含了对中国体操学校办学精神的认可与发扬，汇集了办学者期待发挥所学的个人抱负与卫国御侮的爱国情怀。受到经费等因素的影响，私立体育专门学校在突破发展上不足，更多的仍然是对过去的继承，并且出于对学校能够持续发展的现实需求，各个方面都表现得更注重实用性，更注重社会对体育师资能力的直接需求，比如在课程的安排上更注重教学实践能力，为学生寻找实习的机会等。它们与公立高等体育教育形成互补，对缓解体育师资的不足起到重要的作用，否则仅凭几所公立院校的培养是远远不能满足社会对体育师资的需求的。虽然私立高等体育教育的发展在一定程度上缓解了近代体育发展中人才匮乏的矛盾，但实际上就整个社会而言体育师资仍然是极度匮乏的。

---

① 体育文史资料编审委员会．体育史料（第一辑）［M］．北京：人民体育出版社，1980：41．

四、探索时期中国教会立高等体育教育的发展——以金陵女子大学体育系为例

（一）办学宗旨

金陵女子大学（以下简称金女大）是由美国在华基督教会资助兴办的，学校成立后的最初十年没有设立体育系，上海女子青年会体育师范学校体育系是它的前身，后者是上海基督教女青年会全国协会为适应各校增设体育课程、补充体育教师的形势需要于 1915 年 8 月创办的，目的是培养中、小学体育教师。当时金女大新校舍落成不久，各种设施相对完善，健身房、运动场和体育设备比较齐全，具备建立体育系的物质条件，而上海女子青年会体育师范学校因经费不足，便提出愿与金女大合并。1924 年 9 月其全部教师与二年级学生共 16 人连同设备一起从上海搬至金女大。金女大体育系自开设就确定了明确的宗旨："因年来国内对于体育是项人才之需要，殊形急迫。观乎晚近运动时之错误汇集，弊端百出，而尤以女界为甚。究其补救之道，唯有仰赖受有高尚教育之专门训练之女指导之努力而已。昔之教育者，往往以体育一项，付托于毫无训练之普通教师，或毕业生中之运动宿将，或小学教员之手。殊不知教育之背景，与夫科学之基础，实较精良之技术为重要。唯有受过专门训练之体育指导，庶可与谋训练现代良好之公民。"[①]由此不难看出金女大对体育的重视和设立体育系目标之高远。金女大设有体育行政等课程，这些课程的开设反映了其培养目标不仅仅是体育教师，它强调培养具有健康体魄的良好公民，然后是具有体育专业精神的女子优秀领袖人才。

① 徐海宁．中国近代教会女子大学办学研究——以金陵女子大学为个案［D］．南京：南京师范大学，2008：138．

（二）课程设置

金女大体育系的前身，上海女子青年会体育师范学校的体育课程分为专修和论理两种，专修包括体操、游戏、运动、跳舞、拳术等各种技能之实习；论理包括体功学、运动功用学、化学、测病、按摩、急救等理论。金女大体育系学制是四年，该系的课程设置、学制、教学方法和内容一概模仿美国的大学。四年学习中，第一、二学年一律学习公共必修课，其他科、系全是如此，入学时并不定专业，第三学年才根据学生专长决定专业或由学生自选专业。①具体开设的课程依然分为学科和术科两类，学科课程有生物学、体育原理、体育行政、解剖学、生理学、人体机动学等；术科课程有体操、篮球、排球、民间舞、形意舞、网球、曲棍球等。起初教师上课没有严格的教学大纲和教学计划，每人都从国外带回来一些东西，如丹麦体操就是凯斯首次介绍到我国来的，哲维思教授英国民间舞蹈等。

（三）师资力量

在金女大体育系除了美籍教师凯斯外，这一时期对金女大体育学科建设与发展影响较大的教师还有陈英梅、张汇兰、谢文秋、黄丽明等。其中，张汇兰成为中国近代著名体育教育家、近代女子体育运动的倡导者和推进者，在中国体育发展史上，创造了许多“第一”。她是金女大第一位担任系主任的中国人，是我国第一位体育女博士，是旧中国全运会第一位篮球女裁判员，是中华人民共和国成立后华东体育学院第一任教务长，是获得国家体委颁布的“国家体育运动荣誉奖章”的第一位体育女教师，是获得联合国教科文组织颁发的“体育教育和运动荣誉奖”的

① 体育文史资料编审委员会．体育史料（第六辑）[M]．北京：人民体育出版社，1982：3．

第一位中国人[①]。她幼时就读于教会学校，20岁时考入上海基督教女子青年会体育学校，开始接受体育专业教育。之后她在美国密尔斯学院、威斯康星大学攻读体育专业学士学位，先后获得密尔斯学院体育学硕士学位、麻省理工学院生物学硕士学位、艾奥瓦大学公共卫生博士学位。回顾张汇兰的求学与工作历程，她不仅拥有国外高等教育留学经历，而且具有良好的体育专业素养和深刻的女子体育教育见解。她长期活跃在女子体育教育领域，在教学实践的基础上不断总结女子体育教育经验，并思考如何全面推进女子体育的发展。为此，她发表了《中国女子体育的急需》《中国女子体育问题》《第八届远东运动会之女子体育观》《女子体育普及之我见》等文章，宣传推广女子体育的重要性和必要性。张汇兰将毕生精力奉献在我国女子体育教育的普及和体育专业师资的培养上。她的女子体育教育思想聚焦在为女子争取权利平等与人格独立、改造国内女子体育教育现状、构建女子体育专家培养体系、强调学习运动人体科学知识、注重提升女子竞技体育的教育价值等方面，具有独特的时代性和系统性，对我国近现代女子高等体育教育的发展和普及产生了重要的推动作用和历史影响。

（四）学生情况

金女大体育系在成立之初首先是由上海女子青年会体育师范学校全部教师和二年级学生共16人搬迁过来。此外还通过在沿海和内陆地区招收学生，以及从校内其他科、系招收爱好体育的学生等方法来增加体育系的招生。后来长期担任体育系主任的黄丽明就是从金女大其他科、系三年级转至体育系的。学生上课都穿清一色的运动服装，上穿四式白衬衣，下着黑色没膝灯笼裤。除了正常课程外，金女大组织学生参与校内

---

① 储志东．百年南师 百年体育［M］．南京：南京师范大学出版社，2016：94．

外各种体育比赛、表演，每学期都有宿舍、班级之间的球类比赛，每年冬季来临前要举行一次全校运动会，通过形式多样的比赛培养学生的体育精神和健康体魄。此外，金女大在每年秋季体育活动将要转入户内时举办户外运动表演，邀请社会各界人士前来观看，到春天室内运动将要结束时举办室内舞蹈体操表演。体育运动表演不仅丰富了学生的课余文化生活，还吸引了社会各界对学校体育运动的关注。

（五）小结

在探索时期金女大体育系成立相对较晚，距下一时期只有短短的几年，创办初期学校各方面具体情况的相关资料并不多，相比较而言，其记录成熟时期的资料更为集中。尽管如此，我们依然能够了解到金女大体育系的一些特点。教会大学在中国创办初期是一个完全独立于中国本土教育体系之外的组织系统，学校由外国人创办和管理。金女大是 1912 年由苏、浙、沪一带美国八个传教会商讨所建，金女大体育系是在上海女子青年会体育师范学校的基础上成立的。教会学校在创办初期或者得到教会批准金，或者由教会帮助募得国内外捐款，在创办学校之初无论是在经费还是就业方面都有着相对较好的条件。教会大学都是模仿美国大学所建，在办学宗旨上，教会大学最初是为培养能够为教会服务的人才，正如金女大第一任校长德本康夫人所说：“学院全部学习训练对于那些有志成为中国基督教领袖的年轻女性来说，将是一种理想的准备。我想，这是一种她们自己愿意选择的训练。它将使我们把学院办得更有特点，更能鼓励学生树立高远的目标……”①但随着中国社会近代化的进程，教会大学慢慢减隐其宗教色彩，增加世俗教育内容，把大量中国社会需要的东西引进中国，在培养教会所需人才的同时，也为中国培养了

① 孙海英．金陵百屋房：金陵女子大学［M］．石家庄：河北教育出版社，2004：8．

社会发展所需的人才，这一点从金女大体育系毕业生更多的是担任体育教师就可以看出。教会大学都是模仿美国的大学创办，在课程设置方面表现出与国内其他大学不同的一面，正如吴贻芳所说："金女大（学生）在学业方面有一个相当突出的特点，就是知识面广。"[①]学校注重接受欧美的新式体育活动，比如开设草地曲棍球、手球等其他学校罕见的球类活动，课程设置重视学生的基础知识和基本技能训练，这一方面为学生日后的体育教学和科学研究奠定了坚实的基础，另一方面对于中国女子体育教育的开展和近代西方体育项目的传播做出了重要的贡献，同时也为高等体育教育的发展提供了新思路。

第三节　探索时期中国高等体育教育的特点和历史意义

一、探索时期中国高等体育教育的特点

民国初年与北洋政府时期军阀派系众多，为了扩大地盘和扩充势力，互相之间战争不断。在动荡的政治时局下，教育缺乏统一有效的管理机构和强有力的领导，根据《第一次中国教育年鉴》[②]中的统计，1912—1922 年教育总长先后更换达 29 次之多。这一时期的文化政策相对宽松，有利于改革高等教育体制，加之这一时期留美学生带着新的学术、思想、观念回国后，他们的活动深深地影响着中国教育界，直接推动着

---

① 张连红. 金陵女子大学校史［M］. 南京：江苏人民出版社，2005：139.

② 教育部中国教育年鉴编审委员会. 第一次中国教育年鉴［M］. 上海：开明书店，1934.

中国教育改革的方向。高等体育教育在这一时期的发展逐渐清晰，并体现出这一时期的特点。第一，办学数量增加、类型多元。1912 年教育部颁布了《专门学校令》，准许私人办设专门学校，因此这一时期有机会创办许多私立体育专门学校。教会也重点发展大学，意图趁中国官办大学资金匮乏、师资不足、设备缺乏之机抢先垄断中国的高等教育，通过培养有文化、有社会影响的中国籍教会人物来征服中国。高等体育教育随着高等教育的发展成长起来，于是形成了公立、私立、教会立三种办学类型，其中私立高校主要是专科层次办学。第二，办学宗旨得以拓展，注重但不局限于培养体育师资。自学校体育普及以来，中国社会对于体育师资的需求一直是供不应求的状态，所以在整个近代时期培养体育师资都是高等体育教育的重中之重，但是随着近代体育事业的整体发展，对于体育人才的需求也更加多样化，政府部门体育机关、公共体育场、体育竞赛都需要体育专业人才，因此这一时期高等体育教育对于人才的培养也随着社会的需求而注重多种能力的培养。第三，课程设置从军事化操练向学、术并重转变。清末的体育专业教育课程设置非常重视普通体操和兵式体操，而到了这一时期，随着军国民主义思想的衰落和自然主义思想的传播，体育课程设置更加注重田径、球类等近代西方项目，同时开始重视全面提高体育教师的综合素质，甚至开始偏重理论学科，减少术科课程，学术刊物也丰富起来。第四，办学简陋，管理混乱，质量参差不齐。这一时期的高等教育尚处于探索发展阶段，最初并没有完备的条件，南高师没有游泳池，采用去往上海青年会总部实习的办法来解决，上海东亚体专的上课和训练需要借用上海公共体育场，等等。高等体育教育尚没有统一的办学管理机构，学校也没有教学大纲、教学进度计划的规范，招生也没有统一的要求，有些学校从中学学生到社会人员都可被招收入学[①]，学制从一年到四年的都有，导致办学质量呈现出参差不齐的态势。

二、探索时期中国高等体育教育的历史意义

既然是探索时期高等体育教育，那么其发展自然存在进步的方面，也存在不成熟的方面，对其历史意义的评析从三个方面来进行。第一，在近代社会发展方面，社会制度是直接制约高等教育发展的因素。在这一时期由于缺乏统一的中央政府，高等教育包括高等体育教育尚没有统一的办学管理机构，探索时期高等体育教育的发展对于社会变革的重要意义在于为社会的发展培养出第一批高级体育专门人才，这些毕业生后来成为我国近代体育事业发展的开拓者和中坚力量，从而间接推动社会的发展。第二，在近代体育发展方面，清末兵式体操构成了国人对于西方体育最初的认识，随着近代化的进程，民国初年与北洋政府时期经历了军国民主义体育到自然主义体育思潮的更替，高等教育机构作为引入和传播自然主义思想的重要场所，通过课程设置、邀请专家演讲、发行学术刊物、举办与参加运动竞赛等各种途径，使人们的体育观念发生了变化，人们对于体育认识的提升又反过来促进了近代体育的发展进程。第三，在高等体育教育发展方面，清末时期尽管已经有了体育专业教育，但是其教育层次模糊，探索时期明确建立起了高等体育教育，办学类型和办学层次逐渐清晰，一方面，培养了中国近代社会最早的专业师资和体育管理人才，促进了体育事业的发展，有许多毕业生继续留在高校担任体育教师，为高等体育教育的发展服务。另一方面，尽管这一时期在政府颁布的私立专门学校的十大门类中还没有体育一类，但是逐渐丰富

① 蒲鸿春. 近代我国体育师资教育回溯［J］. 体育文化导刊，2016（4）：175.

的体育理论与课程设置使其发展成一个独立的门类成为可能。再者，在课程设置上不再是“唯体操独尊”，而是学、术并重，体育理论课出现新的课程，术科课程逐渐以球类等西方竞技体育项目为主要内容。学分制的实行是个人兴趣和成才需要的合理体现，推动了高等体育教育的近代化进程。

第六章 近代中国高等体育教育的成熟时期（1927—1936年）

第一节　成熟时期中国高等体育教育发展的背景

一、社会相对稳定为高等体育教育营造了有利的社会环境

1927年南京国民政府成立和1928年张学良"改旗易帜"，使中国结束了长达16年的军阀混战和割据状态，实现了形式上的国家统一。在这个过程中，1927年国共合作破裂和南京国民政府的成立是民国历史的重要转折。前者埋下了国共两党长期斗争的根苗，影响了整个国家的发展及社会、文化、思想的走向；后者则使得国民党专政统治取代了之前北洋军阀政府的军阀混战。20世纪30年代初，日本制造了"九一八"事变、占领了东三省，伪满洲国傀儡政权成立，之后又策划了华北事变，再一次改变了中国的政治形势和政治斗争结构，使得抗日救亡运动进一步高涨，民族矛盾成为压倒一切的主要社会矛盾。

尽管内有南京国民政府和苏维埃中央政权的对立，外有日本的局部侵略，但 1927—1936 年的十年依然是 19 世纪中叶以后百年里中国社会相对稳定、各项实业迅速发展的时期。这一时期，苏维埃政权虽然作为一种新型的社会制度在苏区农村引起了前所未有的社会结构变动，但“苏维埃管辖的区域同国民党政权统治的区域比较起来，在地域及人口上，都相差甚远”[①]。日本军队的势力也仅局限于东北地区，南京国民政府形式上还掌控着中国社会的大部分。更重要的是，20 世纪 20 年代初，中国社会已经“沉沦”到了“谷底”，经历了新文化运动及五四运动的洗礼、中国共产党成立，再加上南京国民政府成立造成的国家形式上的统一，中国社会已经开始了“上升”的趋势[②]。虽然国内政治力量的分裂和国外侵略势力的加强严重阻碍和延缓了中国社会“上升”的力度和速度，但这种“上升”势头不可逆转。南京国民政府建立了基本统一的政权后，加强了对各项事业的控制和管理，其中包括加强经济干预。抗战前十年，南京国民政府制定和颁布了 200 多项经济法规，基本形成了较为完整的经济法规体系，这对于建立市场经济、促进国民经济特别是民营经济的发展是十分重要的。国民党拟订了一个“十年经济建设计划”，通过改善铁路与公路，制定全国财政制度，鼓励工业化，取得中国海关控制权等来发展国民经济，因而国民党要求高等教育能适应这种需要，提供合格的高层次的经济、技术、科学人才，并颁布了一系列议案法令对高等教育进行了整顿[③]。

---

① 王文泉，刘天路．中国近代史（1840—1949）［M］．北京：高等教育出版社，2001：336．

② 薛文婷．中国近代体育新闻传播史论（1840—1949）［M］．北京：北京体育大学出版社，2010：128．

③ 霍益萍．近代中国的高等教育［M］．上海：华东师范大学出版社，1999：195．

二、高等教育的发展为高等体育教育的成熟提供了可能

南京国民政府成立后将教育纳入了国民党的政策轨道，对学校施以严格控制，将其作为实施政治的工具。国民党政府不时地探索、变换高等教育政策，给了中国近代高等教育进步的机遇和空间。高等学校在数量和质量方面都有所发展，近代大学的体制日臻完善。

南京国民政府成立后蔡元培提出了仿效法国教育制度，设立大学区和大学院的请求。1927 年 6 月南京国民政府公布《大学区组织条例》，规定全国依现有之省份及特别区定为若干大学区，以所在省或特别区命名之，并决定首先在江苏、浙江两省试行，后在北平推行。1927 年 7 月《中华民国大学院组织法》公布，规定大学院是“全国最高学术教育机关”，帮助国民党政府管理全国学术及教育行政事宜，原来的国民政府教育行政委员会就此取消。大学院成立后先后制定并公布了《私立大学及专门学校立案条例》《私立学校条例》《私立学校校董会条例》《师范教育制度》《中华民国学校系统草案》等一系列条例，这对全国各级各类学校，特别是私立学校和华侨学校都起了法律约束作用。但是这一措施遭到了国民党多数中央执行委员的反对，于是 1928 年 8 月国民党二届五中全会做出了废止大学院的决定。由于江苏中央、北平两大学区反对新制运动之激烈，1929 年 6 月南京国民政府决定停止实行大学区制。实行大学院制与大学区制是欧洲教育制度在我国的一次重要试验，大学院的教育行政制度可以与政府保持相对的独立性，而避免受政潮的影响。这是我国近代教育行政制度的一次大变革，目的就是使教育行政与学术相结合，以“学术化代官僚化”，改变教育行政机关的官僚习气[①]。大学院制和大学区制

① 郑登云. 中国高等教育史（上册）[M]. 上海：华东师范大学出版社，1994：232.

的失败不仅是因为它不符合中国之国情，而且是因为教育总是要从属于一定的政治、为一定的政治服务。南京国民政府在建立之初以“党化教育”为其教育方针，且建立之初其羽翼未丰，因而允许实行大学院制与大学区制，当其认为基础已巩固，大学院制、大学区制与一党独裁“党化教育”必生扞格，国民党必然不会容许教育独立，更不容许教育超越其政治轨道，教育变革的失败乃势所必然[①]。1928 年 5 月，大学院召开的第一次全国教育会议宣布以“三民主义教育”代替并废止“党化教育”的名称，通过了《中华民国教育宗旨说明书》，发表了全国教育会议宣言。1929 年 3 月国民党召开第三次全国代表大会，着重讨论了三民主义教育方针。实质上，这个历史时期国民党政府所说的三民主义已不是孙中山联俄、联共、扶助工农的三民主义，而是反共、反人民的“三民主义”，而且其“党化教育”仍然占据主导地位。

1929 年 4 月《中华民国教育宗旨及其实施方针》正式公布。根据一系列有关高等教育的法规，包括《专科学校组织法》《专科学校规程》《修正专科学校规程》《大学组织法》《大学规程》《大学研究所暂行组织规程》等，国民党建立起其高等教育制度，我国近代高等教育进入了相对稳定、较为迅速的十年。其主要体现在以下几个方面：第一，高等教育在数量上有较大的发展。1912 年全国有专科以上学校 115 所，其中除 4 所大学外，绝大多数为专科学校或大专院校附设的专修科。到 1931 年时，专科学校有 102 所，数量虽不及民国初年，但内部结构及层次规模却非民国初年可比。在 102 所专科以上学校中，有大学 40 所，独立学院 32 所，专科学校 30 所，形成了一个多层次的高等教育结构。1931 年全国专科以上学校教员数、学生数、经费数较 1912 年分别有了约 3 倍、77 倍、8

① 郑登云. 中国高等教育史（上册）[M]. 上海：华东师范大学出版社，1994：233.

倍的增长。第二，大学质量有所提高。国民党政府根据各类学校设置标准，对私立学校严加甄别，先后取缔了一些不合格学校，合并了一些规模较小及设置重复的学校。此外，还制定了教师任职资格、学分制统一办法、学位条例，讨论拟订了大学和独立学院的共同必修课程等。从政治上来看，国民党政府采取上述措施是为了加强对高等学校的控制，但是不可否认，统一要求对于划一高校的水平，改变高校质量参差不齐、各自为政的状况，提高高等教育的质量起了一定的作用。第三，中国高等教育自清末以来在相当长的时间内不得不依赖外国人的局面得以改变。早期的洋务学校，行政和教学基本上全权委于外国人。1902 年后一些留学生回国进入高校担任教师，但自然科学、外语等课程仍由外国人教授；辛亥革命后，特别是五四运动前后，大批留日、留欧、留美学生归国，高校的行政领导和师资队伍成分有了很大的变化，但教会学校仍由外国人控制，1925 年以前所有教会大学校长均由外国人担任；1927 年教会大学向中国政府立案注册后，截至 1937 年，高等学校行政领导和教师基本由中国人担任，这是衡量半殖民地半封建的中国是否具有独立的高等教育体系的一个标志。第四，公立学校主导的、多层次的高教结构得以形成。实施高等教育的机构在国民党统治时期形成了四个层次：研究所、大学、独立学院和专科学校。它们各有侧重，互相补充。研究所为大学毕业生继续研究高深学问的场所，有入学考试、论文答辩、学位设置等，负责培养少数高层次人才。大学一般设置文理科，偏重基础科学的研究。独立学院集中一科，努力反映各自的特色，其中多为医学院、工学院、法学院、教育学院。专科学校则设科广泛，积极培养国家急需的“短线”人才，如水产、税务、警官、艺术、体育等。这样一个多层次的高教结构虽然仍然存在不足，但它还是反映并努力适应国家对各类建设人才的需求。从 1931 年起全国专科以上学校中公立学校数量开始超过私立学校，自清末兴学以来高等学校中私立学校占多数、教会大学唱重头戏的局面得到根本改变。由上可知，在南京国民政府前期高等教育近代化的进程大大加快，它具有一定的发展规模，并形成了独立的体系[①]。

三、体育事业的全面发展促进了中国高等体育教育的快速发展

社会体育方面，第一，南京国民政府成立以后，建立公共体育场以推进民众体育发展的呼声日渐高涨。1928 年在全国第一次教育会议上，“各县普设公共体育场案”的提议获得大会通过。议案中提出的基本原则包括各省、县设置公共体育场指导员；省区大学酌设体育科；积极倡导全国及全省体育竞赛等[②]。到 1929 年时，全国各地已建设体育场 1142 个，到 1936 年达到 2836 个。公共体育场对推进整个体育事业发展起到了积极的促进作用。第二，1927 年南京国民政府成立不久，即有一大批要人和社会名流联名呈请政府，要求改武术为国术。1928 年经南京国民政府以 174 号文批准备案，成立了中央国术馆，随后南京国民政府又通令各省、市、县，甚至区、村里都要相应设立下属机构，逐步建立起了国术馆系统。它唤起了全民族尤其是上层人士对武术的重新认识和重视，而且为中华武术在新的历史条件下的新发展提供了新的思路。国术馆的活动不仅推动了武术的发展，而且也对其他民族传统体育的发展产生了积极的影响。1932 年教育部颁布的《国民体育实施方案》中明确提出，要“收集民间旧有之体育活动，改良之，推广之”，在国民党中央党部民训部制定的每年 12 个体育节活动中，举办国术、踢毽、风筝、跳绳比赛，

---

① 郑登云. 中国高等教育史（上册）[M]. 上海：华东师范大学出版社，1994：223.

② 国家体委体育文史工作委员会，全国体总文史资料编审委员会. 中国近代体育议决案选编 [M]. 北京：人民体育出版社，1990：13.

以民间游戏为主的“民族运动会”也是主要内容[①]。

在竞技体育方面，南京国民政府时期其发展要比以往更为快速和规范。政府不仅制定和公布了关于竞技体育发展的一些法令法规，而且还积极举办全国运动会和组织参加远东运动会的比赛。在运动竞赛法规方面，南京国民政府 1929 年公布了《各省市县运动会举行办法大纲》，1931 年公布了《民众业余运动会办法大纲》，大纲以引起民众运动兴趣和普遍发展体育为出发点，规定各地举行民众业余运动会，对举办的时间、督导、参赛人员、比赛项目、裁判员和奖励等都做了具体的规定。这一时期，国内组织的运动竞赛主要包括第四至六届全国运动会及各省、市、各大区组织的一些影响较大的体育竞赛活动。在第四届和第五届全运会上都出现了一些组织混乱甚至打斗现象。第六届全运会有了较大的进步，不仅首次采取了商业运作，而且还增加了很多表演项目。各地区的运动竞赛活动主要有华北、华中和西北地区的运动会及江苏、浙江、山东、湖南、安徽等地举办的省一级运动会。组织参加的国际体育比赛主要有参加和举办远东运动会，以及组织参加了第十届和第十一届奥运会，其中参加第十一届奥运会比赛的代表团规模是中华人民共和国成立以前最大的一次。无论是参加国内还是国际体育比赛活动，南京国民政府的前十年都是比较活跃的，运动员技术水平也有较大提高。中华人民共和国成立前，田径和游泳运动 51 项最高成绩中，有 34 项是产生于这十年之中的。但竞技体育在快速发展的同时仍然存在一些问题，比如大型竞赛活动在组织和职责方面存在不明确的地方，运动员参加国际比赛的机会极少，运动员或教练员平时的训练缺乏计划性和系统性，等等。

虽然内有国共对峙，外有日本觊觎，1927 年至 1936 年的十年间，

---

① 罗时铭，赵讒华．中国体育通史・第四卷（1927—1949 年）[M]．北京：人民体育出版社，2008．

仍然是中国近代社会政治相对稳定，经济、文化和教育相对发展较快的时期，学校体育、社会体育及竞技体育等在这一时期的发展都是前所未有的。发展中遇到的各种各样的困难，包括体育师资的不足、社会体育指导的需求、体育竞赛活动组织和管理的分工及训练比赛的系统规划等，都指向了对高级体育人才的需求。而这一时期体育事业的全面发展同时促进了高等体育教育良性发展并走向了相对成熟。

第二节　成熟时期中国高等体育教育发展的概貌

一、成熟时期中国高等教育制度与高等体育教育机构设置

1929 年以后，国民党颁布了一系列有关高等教育的法规。它们是《专科学校组织法》《专科学校规程》《修正专科学校规程》《大学组织法》《大学规程》《大学研究所暂行组织规程》等。按照上述法规，国民党统治初期实施高等教育的机构共有四种：专科学校、独立学院、大学和研究所①。

专科学校以教授应用科学，养成技术人才为宗旨，分国立、省立和私立三种，修业年限二年至三年，招收公立或已立案的私立高中或同等学校毕业者及具有高中同等学力、经入学考试及格者入学。以同等学力录取的学生，最多不得超过录取总人数的 1/5。专科学校分甲、乙、丙、丁四类：甲类为矿冶、机械、电机等工业专科学校；乙类为农艺、森林、兽医等农业专科学校；丙类为银行、保险、会计等商业专科学校；丁类

① 霍益萍. 近代中国的高等教育［M］. 上海：华东师范大学出版社，1999：201.

为药学、医学、艺术、音乐、体育、图书馆、市政及其他不属于甲、乙、丙三类者[①]。专科学校以党义、军事训练、国文、外国文为共同必修科目，采用学分制，但学生每学期所修学分有限制，不能提前毕业。专科学校考试分入学试验、临时试验、学期试验、毕业试验四种。专科学校设校长一人，设校务会议为议事机构。专科学校教师分专任、兼任两种，由校长聘任，但兼任教员不得超过教师总数的 1/3。和民国初年相比，这一时期对专科学校有种类增加、必修科目统一、考试严格、年限缩短、校内增设校务会议等不同的规定。

大学以研究高深学术，养成专门人才为宗旨。在办学类型上，大学分为三种：国立、省立和私立，但所有大学的设立、变更及停办，均须经教育部审核。在科类结构上，大学内可设文、理、法、教育、商、农、工、医八学院，具备三学院以上者，可称为大学；三学院中必须含理学院或农、工、医各学院之一种，大学内各学院，下可分若干学系。在层次结构上，大学内可设研究所，并可附设专修科。在招生制度上，大学招收公立或已立案之私立高中或同等学校毕业、经入学考试及格者入学。在学习年限上，除医学专业五年毕业外，其余均四年毕业。在管理体制上，大学内取消董事会，设立校务会议作为议事机关，负责审议学校预算、校内学院的设立和废止、各种规则以及关于学生试验、训育和校长交议事项。校长任主席，会员由教授、副教授所举代表及校长、院长、系主任和校长特聘少量专家组成，校务会议下可设各种专门委员会。大学内各院设院务会议负责审议本院一切事宜，由院长、系主任及事务主任组成；各学系设系务会议，计划本学系学术等事项。私立大学或私立独立学院另组校董会[②]。在师资规定上，大学教员由院长商请校长聘任，

---

① 霍益萍. 近代中国的高等教育［M］. 上海：华东师范大学出版社，1999：201.

② 霍益萍. 近代中国的高等教育［M］. 上海：华东师范大学出版社，1999：203.

具体分教授、副教授、讲师、助教四种；大学教员分兼任、专任两种，兼任教员不得超过教员总数的1/3。在教育教学上，《大学规程》规定，各大学学院及独立学院各科以党义、国文、军事训练及第一、第二外语为共同必修课；大学各学院及独立学院各系采用学年兼学分制，大学生在校四年须修满132学分始准毕业，学生每年所修学分有限制，不得提前毕业；大学考试分为入学试验、临时试验、学期试验、毕业试验四种[①]。和民国初年相比，南京国民政府初期的大学规制更为详尽，校内院系设置由两级改为三级，即系、院、校；学制延长，必修科目趋于统一；考试严格；教员任职资格有明确规定；实行学年兼学分制；等等。这些都反映了国民党政府对高校控制的加强。

此外，独立学院是规模较小的大学，根据《大学组织法》和《大学规程》的规定，大学内可分设八个学院，具备三个以上者称为大学，不满三学院者称为独立学院，除此之外，独立学院与大学无什么区别。大学设研究所始见于清末，于1922年在北京大学开始实行。《大学组织法》再次规定了大学可设研究所，1934年教育部公布近代关于大学研究所（院）的第一个专门规制《大学研究院暂行组织规程》，1935年教育部又颁布了《学位授予法》，大学研究所制度日渐完善，开始走向正规。但近代研究所（院）制度实际取得的成绩比较微小，这一时期体育还没有被列入大学规定的八个一级学科门类中，更没有专门研究体育的大学研究所。

南京国民政府前期我国各级学校有较大的发展，首先体现在学生人数的日益增加上。据1936年的统计，当时国民党统治区共有学校323 452所，共有学生1850多万人。原有培养体育师资的办学机构中每年毕业的

---

① 霍益萍．近代中国的高等教育［M］．上海：华东师范大学出版社，1999：204．

学生很少，远不能满足学校的需要，因此这一时期又陆续增办了一些体育学校和体育科、系。据不完全统计，1928 年底，只有 12 所体育学校及体育科、系在招生，到 1937 年已有近 30 所学校了，在校学生人数最多时有 1000 多人[①]。

表 6–1　南京国民政府前期创办的主要体育学校和体育科、系

体育科、系名称	性质	创建时间	备注
上海中国体育学校	私立	1927 年	
华东体育专科学校	私立	1927 年	
北平民国大学体育科	私立	1928 年	1936 年合并到北平体育专科学校
东北大学体育专修科	国立	1929 年	1931 年“九一八”事变东北大学迁北平。1932 年第一届毕业生在北平毕业后，体育科停办。抗战胜利后，东北大学迁回沈阳，恢复体育科。新中国成立后该科并入东北师范大学
河北女子师范学院体育系	省立	1931 年	抗日战争时期迁西安，后迁城固县，与北平师范大学体育系合并。该系后改称国立西北师范学院体育系。抗战胜利后河北女子师范学院迁回天津，恢复体育系。新中国成立后该系并入河北师范大学
四川大学体育科	国立	1931 年	四川大学成立体育科后，四川大学与成都大学、成都师范大学合并为四川大学，这三个学校体育科、系合并为四川大学体育系。1933 年改为体育科，1935 年停办
中央国术体育专科学校	国立	1933 年	抗日战争时期迁到重庆北碚，战后迁至天津。新中国成立后先并入河北天津师范学校，后并入河北师范大学体育系
北平市立体育专科学校	市立	1934 年	1943 年停办，1945 年恢复。新中国成立后并入北京师范大学体育系

① 罗时铭．中国体育通史·第三卷（1840—1926 年）[M]．北京：人民体育出版社，2008．

续表

体育科、系名称	性质	创建时间	备注
广东省立体育专科学校	省立	1935 年	抗日战争时迁到云浮、南屏等地。1945 年迁回广州
国立重庆大学体育科	国立	1936 年	新中国成立后并入西南师范学院
云南省昆华体育师范学校	省立	1936 年	1943 年改名为云南省立体育专科学校，后又改回体育师范学校。新中国成立后并入云南省立昆华师范学校
上海体育专科学校	市立	1936 年	开办一年后，因抗日战争爆发停办。1946 年恢复办学。新中国成立后停办，二年制专科学生并入南京大学体育系，师范科学生并入南京师范学校

资料来源：

[1] 学校体育大辞典编委会. 学校体育大辞典 [M]. 武汉：武汉工业大学出版社，1994.

[2] 成都体育学院体育史研究所. 中国近代体育史资料 [M]. 成都：四川教育出版社，1988.

[3] 体育文史资料编审委员会. 体育史料（第一辑）[M]. 北京：人民体育出版社，1980.

[4] 国家体委体育文史工作委员会，中国体育史学会. 中国近代体育史 [M]. 北京：北京体育学院出版社，1989.

[5] 中国大百科全书出版社编辑部. 中国大百科全书：体育 [M]. 北京：中国大百科全书出版社，1982.

表 6-1 中列出了部分新开办的体育办学机构。这个时期新成立的体育学校或科、系大多为公立性质，包括国立和省、市立，其中许多开办时间较长，中华人民共和国成立以后并入其他学校继续承担培养体育师资的任务。除表中所列之外，许多省立师范学校也增设了体育科以培养小学体育师资，但开办时间都很短，表中并未一一列入。也有少部分学校是私立的，抗日战争前的 29 所体育学校、科、系中有 11 所是私立的，大多是 1934 年以前创办的。1933 年国民党政府教育部颁布 3046 号通令，宣布私人不得再行创办师资训练机构，此后基本上没有人再创办私立体育学校。除新开办的学校外，已经成立的体育学校、科、系在各个方面也在这一时期得到了较大的发展。

尽管这一时期成立了许多新的体育学校、科、系，但是本书仍然选择在南京国民政府之前成立的三所体育学校或其科、系作为例子，一方面是因为这三所体育学校或其科、系在这一时期仍然是各自类型中具有代表性的高等体育教育机构，另一方面考虑到这一时期颁布的许多法律法规对已有的学校进行了调整和规范，选择它们可以更好地看出不同时期其继承和发展。

二、成熟时期中国公立高等体育教育的发展——以国立中央大学体育科、系为例

（一）办学沿革

南京高等师范学校自创办后经历了多次更迭：1921 年在南高师的基础上成立了国立东南大学；1927 年国民党政府在江苏试行大学区制时，将东南大学改组，与河海工程大学、江苏法政大学、江苏医科大学、上海商科大学、南京工业专门学校、苏州工业专门学校、南京农业专门学校、上海商业专门学校合并，成立国立第四中山大学，体育科又改为三年毕业；1928 年 3 月，依照国民党政府大学委员会决议，改名为江苏大学；1928 年 5 月，又改名为国立中央大学；1929 年体育系改为四年制，培养目标也随之扩大为以培养学校体育师资、体育行政及指导人才、童子军教练人才为目标，与大学本科程度相当，隶属于中央大学教育学院，毕业后授予教育学学士学位；1937 年全面抗日战争爆发，国立中央大学西迁至重庆沙坪坝，增设二年制体育专修科；1946 年迁回南京，1948 年 8 月改称南京大学；1952 年在全国高校调整中，南京大学体育科、系和金陵女子大学体育系、上海体育专科学校合并，共同在上海成立了华

东体育学院，后改名为上海体育学院[①]。

（二）课程设置

南高师体育专修科招生初期的课程设置基本是借用美国大学体育系的课程体系，其中学科课程包括伦理、国文、生理学等三十余门，术科课程有十四门之多，课程的庞杂让学生不明白体育专修科的定位，加上体育专修科教师缺乏，因此，完全不能将课程保质保量完成。1931 年，国立中央大学体育科的课程表得到修改，与招生初期的课程设置相比发生了较大的变化，课程体系分为普通基础课程、教育课程、体育专业课程和专选课程四大类，每一类又包括若干门课程（表 6–2）。

表 6–2　国立中央大学体育科课程表（1931 年）

类别	课程名称	课程时数	修读年限
普通基础课程	英语	3	2
	德语	3	1
	生物	2	1
	高等混合数学	4	1
	物理	3	1
	现代文化概论	2	1
教育课程	教育概论	3	1/2
	教育通史	3	1
	教育心理学	3	1
	教育统计学	3	1
	教育社会学	2	1/2
体育专业课程	解剖学	4	1
	生理学	3	1

① 储志东. 百年南师 百年体育［M］. 南京：南京师范大学出版社，2016：34.

续表

类别	课程名称	课程时数	修读年限
体育专业课程	运动生理学	3	1/2
	人体测量学	2	1/2
	个人卫生学	3	1/2
	学校公共卫生学体育概论	3	1/2
	体育史	3	1/2
	体育原理	3	1/2
	体育行政	3	1/2
	体育测验	不详	
	体育建筑与设备	3	1/2
	体育教学法	4	1/2
	运动裁判法与改正体操	3	1/2
	急救术	2	1/2
	童子军	3	1/2
	体育实习	3	
	毕业论文、术科	10	4
专选课程	体育问题	3	
	民众体育	3	
	其他院系开选课	不定	

资料来源：

[1] 成都体育学院体育史研究所. 中国近代体育史资料 [M]. 成都：四川教育出版社，1988：308.

从表6-2中可以看出，当时的体育科、系课程虽然存在重复的现象，但是课程设置已经基本正规。但由于受当时条件的限制，特别是受师资条件的限制，不少课程只能因人而设。一些课程开不出，还往往以免修或缓修等名目搪塞。在课程的增加或减少上，系主任有较大的权力。当时的教学无统一的大纲，各科教学内容一般都随任课教师喜爱而取舍。课程设置种类较多，课程之间、教师之间缺乏联系，所以课程设置既繁琐，又有重复。体育科、系的基础课绝大多数由学校文、理、法学院教师讲授，教育方面的课程由教育学院教师讲授，体育专业课程大部分由本科、系教师担任，也有一部分是由外系教师代课。当时整个中央大学学制是学年制和学分制并行。就是说所有学生必须学满四年，并且必须学满必修课和选修课规定数量的学分。必修课必须全部及格，选修课程按个人爱好，在各院系选读。毕业时审查学生学习情况，学分不足者需要补读，只有补读学分后，才能获得毕业文凭。

（三）教学条件

国立中央大学作为当时培养体育师资的最高学府之一，其体育科教学条件处于全国前列，尤其是运动场地和设备。国立中央大学有 400 米跑道的田径场，还有足球场、篮球场、排球场、网球场和室内体育馆[①]。室内体育馆分为上、中、下三层：上层是跑道，长约 160 米；中层有两个篮球场，可以兼做排球、垒球、体操练习场所，场地设有单杠、双杠、吊环、鞍马等体操器械，中层四周有看台，可以容纳 2000 余人观看训练或比赛；下层是办公室、举重室、乒乓球室、更衣室、洗澡房和锅炉房。此外，学校还有一个女子健身房，供女学生雨天上课和舞蹈课教学使用。1936 年，在体育馆的北侧还建了一座长 25 米、宽 18 米的游泳池，一方面使体育科教学实习场地得到了保障，另一方面也满足了国立中央大学非体育科学生健身的需要。

（四）师资力量

体育科在人才培养过程中师资匮乏，急需高水平体育教师，因而体

---

① 罗时铭. 中国体育通史·第三卷（1840—1926 年）[M]. 北京：人民体育出版社，2008.

育科主任吴蕴瑞邀请了一批知名教授到体育科任教，包括张汇兰、张信孚、卢颂恩、程登科、于振声、高梓等。体育科的教师队伍基本固定，但是仍然缺少高水平运动技能教师。1929 年由于计划将体育专修科改为体育科，急需高水平教师，国立中央大学校长张乃燕向吴德懋发去言辞恳切的邀请函，希望吴德懋可以为母校的人才培养贡献力量。吴德懋接到邀请函后，主动辞去了厦门集美中学体育主任职务，在安排好集美中学的人事、教学等各项事务后，于 1929 年再赴金陵，回到母校中央大学任教，担任田径、篮球和网球等课程教师，同时完成了《田径训练法》和《篮球训练法》等教科书的编写。1930 年暑假后，中央大学又重金聘请德国柏林大学体育专家来担任体育指导，一方面借此推动各种田径运动的开展，另一方面以世界纪录为追赶目标，积极开展运动训练。1933 年程登科在柏林国立体育大学毕业，回国后，任中央大学体育系教授。他首次在我国体育科、系中开展女生垫上运动、器械体操课，开创了中国女子体操运动的先河。在中央大学工作的六年里，程登科还兼任中华全国体育协进会南京市总干事、南京《中国日报》“军事、国术、体育”周刊主编。1934 年，高梓应聘为中央大学教授，全面抗战爆发后随校迁至重庆任教。1935 年，吴德懋离开国立中央大学体育科，远赴福建，创办了福建省中学体育教师暑期培训班，开辟了福建省基础体育教育培训的新模式。名师汇集使国立中央大学体育科的影响力较大，并在 20 世纪 30 年代体育思想的交锋中阐述了明确的观点，有些即使在今天看来，也仍具有一定的理论意义。吴蕴瑞和程登科两位教师为国立中央大学体育系的发展做出了重要的贡献，下面进行具体分析。

吴蕴瑞 1916 年考入南高师体育专修科，毕业后曾任南高师和东南大学助教。1924 年毕业于东南大学体育系，获学士学位。1925 年赴美国留学，先后就读于芝加哥大学医学院和哥伦比亚大学师范学院体育系，获医学学士和教育学硕士学位。1927年毕业后赴英、法、德三国考察，同年10月回国。1930年去东北大学体育科任教授。1931年任北平师范大学体育系讲师兼主任。1933年回到国立中央大学体育系任教授兼主任。吴蕴瑞的贡献主要体现在三个方面：第一，参与了许多重要会议，为全国体育事业的发展出谋划策。吴蕴瑞曾兼任第一次全国体育会议体育专家委员、《国民体育实施方案》起草委员、教育部体育委员会委员，以及第五至七届全国运动会筹备委员。第二，出版教材、书籍，推动了体育学科的发展。吴蕴瑞著有《运动学》（商务印书馆，1930 年出版）、《体育建筑及设备》（上海勤奋书局，1933年出版）、《体育教学法》（上海勤奋书局，1933年出版）、《田径运动》（上海勤奋书局，1932年出版）、《体育原理》（与袁敦礼合著，上海勤奋书局，1933 年出版）等，分别主编过北平体育改进社的《体育季刊》（1933 年）和上海中华全国体育协进会的《体育季刊》（1935—1937年）。第三，传播自然主义体育思想，并引导体育学术争论避免走向极端。吴蕴瑞就读于南高师时，体育专修科主任为麦克乐；赴美留学时，师从自然主义体育学派的代表性人物威廉姆斯。麦、威二人的自然主义体育思想对吴蕴瑞产生了重要的影响。他认为体育是教育的一部分，体育的目标应与教育的目标共进退。吴蕴瑞的体育思想还深受古今中外历史背景和中国特殊国情的影响。在 1932年全国体育会议前后，国内发生了我国近代有名的“土洋体育”之争，在这场论战中《大公报》曾刊登《今后之国民体育问题》一文，其中写道“竞赛运动有损健康、费时耗财，土体育节时省才、去病延年”，吴蕴瑞对此暗示废止洋体育的观点予以驳斥。他以“体育的本质”是为了发达身体、培养技能和陶冶品格为原点分析，认为无论“洋体育”或“土体育”多少都具有达到体育目标的功能，但是并非所有体育内容都具有正面功能，而应该将这些体育内容加以科学的分析，来确定哪些体育内容更有价值，这种观点与一般民族主义者的立场大不相同。他主张体育不应该有国界之分，应当就体育自身目标而言考虑问题，既不主张走极端的开放主义路线，也不主张走极端的封闭路线；就体育方法而言，都要以科学为依据，而科学无国界；就体育活动而言，应当看内容是否合乎人的生理、人的心理、人的个体与社会的需要。[①]除了上述有关“土洋体育”问题的争论外，还有关于“选手制”体育问题的争论，以及关于“民族体育”问题的争论，等等。吴蕴瑞提出了提倡体育普及化，反对锦标主义，支持体育救国，体育与军事训练可以相互调配但不能相互代替等见解。

程登科 1920 年考入国立东南大学体育系，受教于美国体育家麦克乐。毕业后曾任职于苏州中华体专，还先后担任过杭州第一中学体育教师、上海东亚体专和上海爱国女校体育科讲师。1929 年留学于德国柏林国立体育大学，1933 年毕业后回国任中央大学体育系教授。程登科作为一位爱国体育专业学者，在 20 世纪 30 年代日本帝国主义发动的侵华战争逐渐升级之际，立足于国家的救亡图存，相继在《中国日报》《体育季刊》《勤奋体育月报》等刊物上发表文章，提出了“民族体育”的观点，认为要“为国家而体育”，要“为民族而体育”，要把体育作为“强国强种与复兴民族的工具”。程登科的民族体育思想的核心是军事化体育，他指出“体育为民族之骨，军事为民族之髓，故体育与军事为‘民族体育’之骨髓，理应联络一气，表里相通，互相为用，是以有打成一片之必要，而为创造‘民族体育’之骨髓”。其所倡导的军事化体育主要由体育军事化、军事体育化两方面构成：体育军事化的实施对象为学生和普通民众；而军事体育化的实施对象则是军队士兵。其中的体育军事化是“用原有

① 储志东．百年南师 百年体育［M］．南京：南京师范大学出版社，2016：63．

的体育术科，不改体育内容，而以军事精神管理之、训练之、务使受训者绝对服从。是故，以军事精神完成体育军事化”。程登科说：“我国目前，任人宰割，受人耻辱，虽然有其复杂的因子，而无组织、无纪律，却是一个最大的原因。所以我们要刷除耻辱，复兴民族，必须在每件事上，都要建筑组织化与纪律化，这样才能生出伟大的力量，才能谈到自救，才能谈到复兴，体育则更不能例外。”①针对中国近代以来国民体质虚弱，疾病缠身，健康状况堪忧，精神萎靡、思想散漫等现象，程登科还提出了全民体育化的问题，这其实是对民族体育实施对象的诠释。他认为只有让“每个人民得到受体育锻炼的机会，民众御侮抗敌的意志与忍苦耐劳的精神，始获养成。”他还说：“目前我国体育何尝不是为个人而体育，为少数人娱乐而体育，为少数人健康而体育，何曾施惠小敏，更何曾为国家而体育，为民族而体育。”②程登科所倡导的民族体育和全民体育，源自中国的历史国情和现实需要，走的是一条平民化的道路，旨在使全体国民都有机会、有能力参与其中。如此一方面可以强健国民体魄，另一方面可以振奋民族自尊心与自信心，从而鼓舞国人在抵御外侮的战争中不屈不挠，勇挫强敌。

（五）学生情况

在招生方面，国立中央大学体育科、系的要求一直比较严格，录取标准较高，招收高中毕业生，且学生必须到南京参加考试。考试科目除了与其他院系一样的三民主义、国文、数学、英语、物理、化学、历史、地理、生物等外，还有 400 米跑、跳高、推铅球、篮球、引体向上等体

① 程登科．读方万邦克生“我国现行体育之十大问题及其解决途径”中所持对体育军事化不切实用的检讨［J］．体育季刊，1935，1（3）：8-16．

② 程登科．读方万邦克生“我国现行体育之十大问题及其解决途径”中所持对体育军事化不切实用的检讨［J］．体育季刊，1935，1（3）：8-16．

育术科，最后还要进行口试。体育专修科免考数学，录取标准比体育科稍微低一些，体育科考试更为严格，有时几百人报考只录取几人。体育科每年招生无定额。例如，1929年，原定招收男生20名，女生16名，但由于报考人数不多且录取严格，因此不能满额，当年只录取新生6名。[①]1931年，国立中央大学增加了体育科招生名额，除学校招考以外，另由教育部通告全国各省，每省保送高中毕业生男女各一名入学，这个办法只实行了一年，之后曾一度指定重点学校执行保送制度，但不久就废除了。在培养过程中体育科还有较多学生肄业，主要原因是当时国立中央大学学校制度执行机制逐渐完善，社会口碑和威信较高，因此，对学生毕业管理非常严格。1935年，国立中央大学共有221名同学出于各种原因没有顺利毕业，其中教育学院18人，体育科2人。仅就教育学院肄业人数和比例来看，体育科的人才培养质量较高，这也对后续招生产生了较好的影响，其生源质量逐步提高。[②]

国立中央大学体育科参与的体育竞赛非常多。首先，校内的体育竞赛活动非常丰富，学校会组织运动会、篮球赛、足球赛和排球赛，所有比赛都设专业组和非专业组，体育科学生还要兼做裁判工作，在学校体育竞赛中有较高的影响力。其次，体育科还参加校外的体育竞赛，这类竞赛不仅非常多，而且级别也高。比如，1929年春季体育科代表中央大学参加在南京举行的足球联合比赛并获得锦标；1930年体育科代表国立中央大学参加在上海举行的第四届田径运动会，勇夺10个第一，还获得了团体冠军；1931年江良规作为中央大学越野赛跑队队长，率队员10人赴上海参加由复旦大学主办的越野赛跑，江良规在这次比赛中荣获冠军；1934年体育科学生柳英俊、杨道贵、刘玉兰3人获得代表中国参加

① 南京市地方志编纂委员会．南京体育志［M］．北京：方志出版社，2002：261．

② 储志东．百年南师 百年体育［M］．南京：南京师范大学出版社，2016：13．

远东运动会的资格等。

（六）小结

从北洋政府时期到南京国民政府前期国立中央大学体育科、系在一系列高等教育法规的规范下做出了一系列的调整。第一，这一时期在合并、改建、最终确立为国立中央大学的过程中，形成了国立中央大学——教育学院——体育系的三级管理体制；在此基础上学位制度得以发展，体育系学生毕业授予教育学学位，促进了“学”“术”分野，促进了本专科层次的分化。学校通过体育系与体育专修科并存的方式来实现不同的培养目标，大学体育系更注重中学以上师资培养、学术研究、体育行政及指导人员等的培养，而附设体育专修科以培养小学体育师资为主。第二，课程设置得到了规范，尽管仍然存在课程重复等现象，但是课程较之前有了详细的分类；实行学年制与学分制；基础课由学校文、理、法学院教师讲授，既可以帮助学生拓宽知识面，形成合理的知识结构，又可以使学校的师资资源得到优化共享，还可以保持教育的计划性和统一性。第三，尽管有着扩招的需求，但学校严格执行招考及毕业制度。体育系的招生对于文化课的要求与其他科、系相比不但不会降低标准，还增加了技术测试和口试，体育专修科的标准会有所降低。尽管考入的学生很少，但是严格的制度确保了学生的质量，又反过来促进了招生的生源和质量。第四，各种校内外竞赛活动既丰富了学生的课外生活，通过比赛又使学校与外界有了更多的交流，无形之中为学校做出了宣传。第五，体育学术争论能发挥强有力的作用指引学术向科学健康的方向发展。第六，体育科、系的教师成为服务政府的重要力量。国立中央大学体育科的教师对民国时期地方政府体育发展思路和规划有较深的理解，为体育行政部门提供了一系列对策报告，承担起服务体育建设的使命。

三、成熟时期中国私立高等体育教育的发展——以东亚体育专科学校为例

（一）办学沿革

东亚体育专科学校（简称东亚体专）于 1918 年创建，初名私立东亚体育专门学校，1929 年南京国民政府颁布《专科学校组织法》，改专门学校为专科学校。该校先聘请朱少屏任校长，日常校务由庞醒跃负责。1924 年朱少屏辞去校长之职，由庞醒跃继任，但由于庞醒跃在执掌校务期间，学校经费得不到当时政府的补助，加以连年新旧军阀内战，交通阻塞，影响学生来源，学费收入大减。庞醒跃虽耗尽家财，还是负债累累，困扰无以脱身，迫不得已，于是年端午节前夕留言离校，不知去向，全校师生无不为之怀念与悲痛！[①]后几经变更，到 1929 年由陈梦渔任校长。陈梦渔执掌校务后，要求来沪报考入学的各地学生逐年增加，又逢此时各地普遍对体育师资的需求迫切，东亚体专又建一部分校舍，重申培养品德高尚、学术兼优体育人才的办学宗旨，强调学、术科要平衡发展，既要重视学科修养，又要加强运动训练与教法研究，以适应推行体育之急需。[②]

（二）课程设置

南京国民政府前期学校课程设置在原有基础上不断充实，并参照欧美体系课程设置进行调整，日趋完善。本科开设的课程有：国文、英文、运动生理学、人体解剖学、教育学、伦理学、教育心理学、体育原

---

① 体育文史资料编审委员会. 体育史料（第十辑）[M]. 北京：人民体育出版社，1984：10.

② 体育文史资料编审委员会. 体育史料（第十辑）[M]. 北京：人民体育出版社，1984：10.

理、体育行政、人体测量学、体育建筑与设备、按摩术与矫正操、体育教育法、体育史、运动裁判法、田径、器械体操、徒手体操、球类、游泳、国术、韵律活动、音乐等。[①]由于社会对体育师资的急需，学校还设立了师范科，招收初中毕业生以培养小学体育师资。课程开设除小学教育概论外，其余同本科科目，只是内容较少而且浅易一些。为适应各地初中对童子军教练员的需要，学校附设一年制童子军教练员培训班，开设旗语、救护、露营、气象、星象、游泳及中学体育所必需的运动项目，还有体育概论、体育教学法等课程，每年招收四十名至五十名学生。[②]

学校的教务处会每月调查一次各科的教学进度，并将调查结果通知教师，促使大家致力于教学工作，同时学校会不定期地聘请体育界名流作学术讲演。为了提高学生们的技术能力，学校还会按月份安排课外技术练习和校运会。比如，9—11 月以足球为主，11—次年 1 月以篮球为主，4—6 月以棒、垒球为主；校运会每学期举行一次，要求学生们必须参加比赛，无故不参加者不得升级或毕业。[③]

（三）教学条件

学校初创的时候，借用房屋，住宅狭小，除在室内上理论课外，还就近借用上海公共体育场上田径、足球等技术课及开展课外锻炼。随着南京国民政府前期全国各地学生要求来沪报考入学者逐渐增加，原有校舍设备已不敷应用。校董多方设法筹募资金，1928 年勘定上海卢家湾鲁班路草圹街新校址上兴建西式教师楼一座，宿舍楼三座，健身房一座，

① 体育文史资料编审委员会. 体育史料（第十辑）[M]. 北京：人民体育出版社，1984：11.

② 体育文史资料编审委员会. 体育史料（第十辑）[M]. 北京：人民体育出版社，1984：12.

③ 体育文史资料编审委员会. 体育史料（第十辑）[M]. 北京：人民体育出版社，1984：13.

雨天操场一座，简易田径场包括足球场一片，篮、排球场四片和器械体操区等作为男子部校舍，女子部仍留在方斜路；1931 年建宿舍楼、图书馆、游泳池各一座；1935 年将女子部并入男子部，校内各种教学设备仪器用具逐步添置完备，足供应用。①

（四）师资力量

这一时期学校已经建立起较完善的行政管理体制，陈梦渔任学校校长，储伯勉任校长办公室主任，另设有校务会议、教务会议、童训班设计委员会等议事机构。从学校创办到停办，先后来校任课的教师除了前文提到的体育界名流外，聘请的教授和专家还有：蒋湘青、程登科、高梓、董承康、周尚、朱国福、陆礼华、秦醒世、邵汝干、钱挹青、许开甫、路佛山、瞿越、佟忠义、徐家增、江良规、俞晋祥、朱荣华、赵慰祖、彭振球、孙移新等。根据当时培养体育实用人才的要求，本科、师范科和童训班教师，均分别编写讲义发给学生。讲义经试用成书出版的有：蒋湘青的《人体测量学》（上海勤奋书局，1931 年出版）、《田径赛ABC》（上海世界书局，1928 年出版）；孙和宾的《怎样办理公共体育场》（南京书店，1933 年出版）、《柔软体操基本动作图解》（1931 年）、《柔软体操六十部》（1930 年）、《体育教学法》（1932 年）；董承康的《田径赛运动教学法》；瞿越的《体育史》《女子篮球规则纲要》；钱挹青《英文读本》《人体解剖学》；乐患知的《英文读本》；陈梦渔的《童子军手册》（上海三民书店出版）；赵慰祖的《童子军星象》《气象专科》《营地工程》《旗语》；孙移新的《游泳初步练习法》和《急救法图解》（上海少年用品供应社印行）。这些书中未注明出版机构的，均由学校图书资料

① 体育文史资料编审委员会．体育史料（第十辑）[M]．北京：人民体育出版社，1984：10．

发行所出版。[①]

（五）学生情况

南京国民政府前期全国各地普遍需要体育师资，全国各地学生中要求来沪报考入学者逐年增加，1931 年在校学生总数有五百余人，包括了本科、师范学校和童子军教练班在内的所有学生。由于学校注重对学生学、术的提高，除了前文提到的学理研究外，学校还成立各项运动代表队，促使学生精炼技术，每学期初会进行一次调整。校体操队常到上海各区进行表演，深受欢迎；球类、田径校队经常参加校际对抗赛、杯赛，并常赴外省市进行表演比赛。例如，1935 年江西省教育厅邀请校女子田径队参加该省第一届女子田径运动会，并进行田径表演赛，回上海途经安庆时，安徽省教育厅又邀请其前去表演，这些竞赛表演都取得了良好反响；1935 年校女子篮、排球队应新加坡篮、排球总会邀请出国远征，受到当地侨胞与民众的欢迎。[②]在旧中国的艰难岁月里，学校学生自强不息，创造了多项全国田径运动纪录：1936 年第十一届奥运会田径训练班测验赛中，东亚体专的学生符保卢创撑竿跳高全国纪录、贾连仁创 800 米和 1500 米全国纪录，并且二人代表中国参加第十一届奥运会；除此之外东亚体专的学生在第五至七届全运会、第十八届华北运动会等国内重大体育比赛中都有创纪录的成绩。[③]

东亚体专自 1918 年至 1951 年前后办学三十三载，是当时体育师资学校中毕业人数最多、影响较大的体育学校。该校培养 46 届毕业生约

---

① 体育文史资料编审委员会．体育史料（第十辑）[M]．北京：人民体育出版社，1984：12-13.

② 体育文史资料编审委员会．体育史料（第十辑）[M]．北京：人民体育出版社，1984：13.

③ 体育文史资料编审委员会．体育史料（第十辑）[M]．北京：人民体育出版社，1984：14.

1500 人，连同体育师范和童训班各届毕业生合计 3000 余人，就业范围遍布全国各地，甚至南洋群岛。[①]东亚体专的毕业生中，在中华人民共和国成立后担任国家省、市体委领导职务的有：曾担任云南省体委主任的陈方，曾担任湖北省体委副主任及武汉体育学院副院长的戴光；曾担任大连市体委副主任的焦玉莲等；曾担任体育学院领导和体育专科学校校长的有李东明、蒋泽春、孙和宾等；担任体育学院和师范学院体育系的系主任、系副主任的教授、副教授有董承良、周士彬等。此外，还有在高等院校任体育教研室领导职务或承担体育教学任务的教授、副教授，如徐家增、蒋新、徐希一等；有些被评为中学特级教师、一级教师和优秀教师，如翁祖烈、何祖熙等；有些担任省、市运动队教练；有些被评为国际级和国家级裁判员，如中国第一批体操国际裁判董承良、排球国际裁判孙丙熊、田径国家裁判蒋新、摔跤国家裁判周士彬等。在这些毕业生中有不少人担任了中华全国体育总会委员，省、市运动协会主席、副主席，体育科学学会正、副理事长职务。[②]

（六）小结

相较于北洋政府时期私立办学的简陋，南京国民政府时期私立办学有了多方面的改善。第一，办学条件有所好转。私立学校曾经一度面临停办危机，随着生源的改善，办学条件有所改善，教学设备、场地得到一定的扩充。办学条件得以改善，的一个很重要因素是政府在相关法规中把体育专科学校归属于丁类，这使得体育办学在政策方面得到了认可和保障，体育专科学校的社会地位得到提升。第二，课程设置也日趋完

---

① 体育文史资料编审委员会．体育史料（第十辑）[M]．北京：人民体育出版社，1984：17.

② 体育文史资料编审委员会．体育史料（第十辑）[M]．北京：人民体育出版社，1984：18.

善。仿照欧美体系，理论课的科目有所增加，术科课程也更加活泼多样，既重视学科修养，又加强了运动训练与教法研究。第三，管理体制逐渐完善。无论是南京国民政府对学校的管理、必修科目的统一、规定招生考试标准等，还是学校内部的管理（有校董会、校务会议等）都使得学校的运行更加合理有序。第四，根据不同的社会需求开展多种办学形式。出于社会对体育师资的迫切需求，学校开设师范科，招收初中毕业生以培养小学体育教师；为适应各地初中对童子军教练员的需要，学校又附设一年制童子军教练员培训班，这一方面是学校实力与办学水平的体现，另一方面，办学形式、层次多样化可以使学校更好地生存与发展。第五，校内外竞赛活动丰富，一方面检验了学校的教学训练水平，另一方面通过比赛获得了与外界更多的交流和社会知名度。

四、成熟时期中国教会立高等体育教育的发展——以金陵女子文理学院体育系为例

（一）办学沿革

教会大学是中国近代高等教育中非常特殊的部分。传教士以极大的热情、掷万贯银两办大学，既不是因为他们对中国科技落后、高级专门人才亟缺抱有深深的同情，当然也不是因为他们对在中国这块有着特殊文化传统的国土上建大学怀有特别的兴趣，而是因为传教士们期望通过办教育更好更快更多地吸引和发展教徒，完成传教使命，期望通过办高等教育来培养“领袖人物”，使更多的中国人听命于他们，进而为西方能够在华自由扩展他们的政治、经济、文化铺路，其最终的目的是征服中国。在中国社会近代化的过程中，教会大学不可能在面对一批活生生的人时把它的目的像敲钉子似的置入学生的头脑中，必须经过学生的主动接受和主观生成过程其目的才能实现。在这个过程中，教会大学慢慢减

隐其宗教色彩，增加世俗教育内容，把大量中国社会需要的东西引进中国，从而不自觉地加速了西方学说在中国的传播和中国近代化的历史进程。但是教会大学作为帝国主义对华实施文化侵略的重点和重心，迟早必然激起中国人民的批判和反对。新文化运动兴起以后，在科学和民主的呼唤和熏陶中，在对传统儒家文化和外来基督教文化的批判中，中国知识界的民族意识和爱国热情空前高涨。1924 年在反基督教运动的高潮中，“收回教育权”的口号被首次提出，具体包括两个方面的内容：一是教会学校必须向中国政府立案注册，继而纳入中国的教育体制；二是教会学校须按中国的教育法规进行改革。起初这一要求遭到了教会学校的一致反对，并拒绝向中国政府注册。1927 年中华民国大学院公布《私立大学及专门学校立案条例》，1930 年又限期命令教会学校立案，凡逾期不立案学校者将关闭或停止招生，最终教会学校都向中国政府进行了注册。立案注册宣告了教会大学作为一种特殊的独立的文化教育机构历史的结束，自此成为私立大学的一部分被纳入中国高等教育的体系中，在中国政府的管辖下开办发展。教会大学从无视中国主权和法律到向中国政府立案注册并根据中国政府的要求进行改革，是中国高等教育界的一件大事，也是中国人民反帝斗争的一个胜利。[①]

金陵女子大学于 1915 年由美国在华基督教会资助创建，1924 年成立体育系。金女大体育系前身是上海女子青年会体育师范学校。该校是由上海基督教女青年会全国协会于 1915 年 8 月创办的，旨在培养中小学体育教师，以适应各校增设体育课程后补充体育教师的形势需要，但是由于发展经费不足便与金女大合并。金女大新校舍健身房、运动场和体育设施相对齐全，具备了建立体育系的物质条件。经双方商定，金女

① 霍益萍. 近代中国的高等教育［M］. 上海：华东师范大学出版社，1999：191.

大筹建体育系，女子青年会体师将体育器材、图书资料全都捐送金女大，并同意在五年内每年支付 5000 美元作为专门的体育教育经费，并承诺帮助招生，指导有关学校合理分配毕业生。[①]1924 年金女大设立了体育系，开设之初其定位就很高，强调培养具有体育专业精神的女子优秀领袖人才。1929 年为了适应中小学师资的需求，金女大增设了体育简易科，其毕业生在短时间内取得了很好的成绩。于是在 1930 年秋体育简易科又改为两年制的体育专修科。这种体育专修科与体育系并存的状态一直延续到中华人民共和国成立后院系调整为止。19 世纪 20 年代，中国广泛开展“收回教育权”的运动，国民党政府提出“外国教会在中国办大学，要建立中国人为多数的校董会，并由中国人担任校长”。[②]1927 年 5 月，金女大校董会和执行委员会改组了校董会，校董会选吴贻芳为校长。1928 年 11 月吴贻芳在就职致辞中说：“金女大开办的目的是应光复后时势需要，造就女界领袖，为社会之用。现在办学，亦是培养人才，从事于中国的各项工作……学校于国学、科学同时并重，既培养中国学者的思想又能得到科学家的方法，然后到社会上，才能应各种新需要，运用自己所学，贡献给各项工作。”[③]1930 年 12 月，金女大经国民政府教育部核准立案，完成注册。依照《大学组织法》，高等院校有三个学院才可以成为大学，金女大只有文、理两个学院，因此改名为金陵女子文理学院。经历抗日战争时期的艰难办学后，1951 年 9 月金陵女子文理学院并入金陵大学，体育系停办。

（二）课程设置

金女大体育系既开设了面广量大的基础教育和通识教育课程，又在

---

① 张汇兰．我和金陵女大体育系［J］．体育文史，1983（1）：36-37．

② 储志东．百年南师 百年体育［M］．南京：南京师范大学出版社，2016：75．

③ 储志东．百年南师 百年体育［M］．南京：南京师范大学出版社，2016：76．

专业课程的安排上采取了理论课和技术课并举的方针，以培养知识面宽、专业基础扎实又具有专业技能的人才。具体的课程设置为：基础课程：有中文、英文、生物学、物理和化学（任选一种）、解剖学、生理学、教育学和心理学、伦理学等；专业课程，包括专业理论和技术实践课：学科有体育行政、体育史、体育原理、人体机动学、体育建筑与设备、运动生理学、急救按摩和各种运动项目运动发展史及其理论部分、教材教法、毕业论文等；术课有体操、田径、游戏、舞蹈、篮球、排球、羽毛球、板羽球、垒球、网球和射箭等；选修课程：包括主修、辅修或依据个人爱好选择，有民众体育、统计学、社会学、哲学、逻辑学、英国文学、音乐和钢琴等。[①]

（三）教学条件

1934年金陵女子文理学院建成了1919年校舍整体规划中的图书馆兼行政办公楼，面积为1396.92平方米，1936年学校从南京获赠拨土地33333.33平方米。[②]金陵女子文理学院当时的体育设备虽不能称为完备，然较之国内其他女子学校已经是首屈一指了，学校有超过26666.67平方米的运动场，又有篮球、排球、射箭及田径等场地；有六处网球场及其他球类球场数处；此外，更有体格检查室、室内健身房和体育图书馆。[③]

（四）师资力量

这一时期金陵女子文理学院体育系及体育专修科仍然拥有有影响力的教师，她们在体育系的行政、管理和教学工作中贡献出自己的力量。比如陈英梅，1913年毕业于美国韦尔斯利大学体育系，是较早把美国学校体育传入中国的一位有影响力的女性体育工作者。她曾编写《中小学

---

① 孙海英. 金陵百屋房：金陵女子大学［M］. 石家庄：河北教育出版社，2004：45.

② 孙海英. 金陵百屋房：金陵女子大学［M］. 石家庄：河北教育出版社，2004：45.

③ 储志东. 百年南师 百年体育［M］. 南京：南京师范大学出版社，2016：13.

体育活动和游戏》一书，读书内容丰富，是20世纪30年代初期我国中小学广泛使用的一本体育教学参考书。她于1925—1930年在金女大体育系任教，并担任体育简易科和专修科主任。学生上她的课不但秩序好，学得也愉快。在她的影响下，金女大的学生谢秋秋、黄丽明、崔亚兰、陈越梅等都立志从事体育教学工作，先后赴美国韦尔斯利大学体育系进行深造。黄丽明于1923—1927年在金陵女子文理学院体育系学习，主修体育、辅修钢琴，是金女大体育系首届毕业生，也是中国大学体育系最早毕业的三位女性之一。1929年她以优异的成绩得到美国韦尔斯利大学体育系的全额奖学金，主修体育、辅修舞蹈。1931年在获得硕士学位前夕，金女大校长吴贻芳急电黄丽明，要她立即回国接任金女大体育系主任职位。1931—1946年，黄丽明两度担任金女大体育系主任，为巩固健全金女大体育专业的教学制度和提高女子体育师资质量做了很多工作。1937年抗日战争全面爆发，她代表金陵女子文理学院到上海英法租界与圣约翰大学、之江大学、沪江大学、东吴大学成立基督教联合大学。金女大原来的上海籍学生仍以金女大学生的名义注册，但是需按圣约翰大学的要求和规定选修课程来完成学业。作为交换条件，黄丽明个人承担五所大学的女子体育教学工作。在战争的硝烟包围中，用一个人的力量换取一所学校分校的地位，黄丽明的坚持和无私奉献及强大的组织能力于兹可见。1936年，在德国柏林举行的奥运会上黄丽明任中国代表队女运动员指导。1941年珍珠港事件爆发，日本无理强迫基督教联合大学关闭，黄丽明带了两位只差半年就要毕业的学生邬鹤琴和喜勋回到南京家中继续上课，直至1943年她们毕业。因在创办基督教联合大学时所做的贡献和对中国体育事业的贡献，黄丽明获得校长吴贻芳颁发的金陵女子文理学院终身教授奖。

（五）学生情况

截至 1949 年，金女大体育系共毕业 52 人，体育专修科毕业 73 人。如表 6–3 所示，在南京国民政府前期的十年中，体育系共毕业 34 人，体育专修科毕业 31 人，1929 年还办过一期体育简易科，规定一年的学程，毕业 30 人，分配在苏浙、河北、福建、江西、安徽、四川、湖北等地的中小学。据 1935 年第 25 期《金陵女子文理学院校刊》记载，本校体育系附设体育专修科两年毕业，现第三届学生至本年暑假修业期满，即可毕业，此项人才社会非常需要，故今秋准备招收新生一班，入学资格是凡高中或师范毕业学生均可报名应考，考试科目为国文、英语及常识测验。体育专修科英文要求可适当降低，毕业后专供中小学体育师资或女子青年会等社会机关。体育专修科在二年级毕业前有试教一科。在 1935 年，体育系教师派体育系及体育专修科学生 15 人到南京市中小学及大学试教，并雇有马车依时接送。这 15 名学生的姓名及试教学校如下：叶剑中、黄賨莲——培幼小学；王俊卿——明德女校；黄振圻、谭声靖——汇文小学；范加敏、于凤章——畲清小学；沈韫珍——外国学校；曹紫云、袁诚森——中华女中；邱楚卿、赵蕴华、蒋国秀——金女大附中；李秀兰——金陵神学；萧美英——金陵大学。①

表 6–3　金女大在南京国民政府前期体育专业毕业生人数表

毕业年份	1927	1928	1929	1930	1931	1932	1933	1934	1935	1936
体育系	3	2	5	2	4	3	2	2	1	3
体育专修科						8		3	14	

资料来源：

［1］《南大百年实录》编写组．南大百年实录：金陵大学史料选（中卷）［M］．南京：南京大学出版社，2002．

［2］孙海英．金陵百屋房：金陵女子大学［M］．石家庄：河北教育出版社，2004．

① 储志东．百年南师 百年体育［M］．南京：南京师范大学出版社，2016：81．

金女大体育系除了参加学校班级、宿舍举办的各种球类比赛，以及学校每年冬季来临前举行的全校运动会等外，在各类校外体育比赛中也历来是争金夺银的能手。在 1933 年举办的中华民国第五届全运会上，代表南京市的金女大垒球队在与河北队的比赛中采用各种战术，最终以 17:1 战胜河北队；1935 年，金女大接到南京市篮球锦标赛委员会来函，每周三战。在 1935 年中华民国第六届全运会上，女子担任大会职务者数甚寥寥，而金女大毕业的学生竟有担任大会职务的，如高梓担任全国运动委员会委员、垒球裁判员及南京女子篮球指导员；张汇兰担任全国运动委员会委员兼田径赛纠察员；黄丽明任南京市垒球指导员；崔亚兰担任女子篮球裁判员兼南京市女子宿舍管理员；等等。1936 年，第十一届奥运会在德国柏林举行，黄丽明担任中国女子代表团的副领队兼教练，金女大校友更是自费组团前去观看和学习。

（六）小结

教会立学校在这一时期最重要的变化首先就是完成了向中国政府立案注册，成为私立大学的一部分，被纳入中国高等教育体系，在中国政府的管辖下开办发展，按照政策规定进行了改革，其最直接的体现是在学校名称的变化上。依照《大学组织法》，高等院校有三个学院以上者才可以称为大学，金女大只有文、理两个学院，故改名为金陵女子文理学院。教会大学从无视中国主权和法律到根据中国政府的要求进行改革，是中国高等教育界的一件大事，是中国人民反帝斗争的一个胜利。此外，教会大学本身在整个中国高等教育中就一直处于优势地位，在经历了探索时期的发展后，在这一时期各项教育制度就发展得更加成熟和完善了，其课程设置和分类更加成熟，教学条件也在提升，对教师的要求也颇为严格。正如张汇兰所说："体育系的开办差点儿砸了我的'铁饭碗'，因为当年女子青年会的一再催促，我在美国只读了三年书，尚未得到毕业文凭就回来了，而金女大似乎非大学毕业不可，校方连教员会议也不让我参加……因此在体育系成立之际，我只得再度去美国修完学业。”[①]再次，体育系带动了整个学校公共体育教育的发展。金女大体育系负责为全校各系学生开设公共体育课，目的是提高学生的身体素质。学校规定凡体育缺勤要补课，体育成绩不及格必须补考重修，否则不得毕业，当时高等院校有此规定者很少。学校开设的项目非常齐全，会根据学生的不同体质安排不同的项目，并且项目针对女性特点而设，其趣味性远远大于竞技性，学生不仅锻炼了身体，还培养了自身的气质和意志，享受到体育带来的快乐。这种办学理念在今天都是非常值得学习和借鉴的。

第三节　成熟时期中国高等体育教育的特点和历史意义

一、成熟时期中国高等体育教育的特点

将这一时期描述为成熟时期是综合考虑整个近代时期社会发展、体育发展、高等教育发展相对而言的。成熟时期高等体育教育发展最为突出的特点就是高等体育教育结构与运行机制相对成熟。这最主要得益于一直以来的探索及南京国民政府前期颁布的一系列高等教育法规对高等体育教育的规范和保障。在层次结构上，这一时期虽然还没有体育专业的研究生，但是本科与专科的层次划分已经有了明确的不同，大学本科毕业的体育系学生会被授予教育学学士学位；在科类结构上，虽然在政

① 张汇兰．我和金陵女大体育系［J］．体育文史，1983（1）：36．

府规定的八大学科门类中没有体育，但是在专科学校的学科门类中已经有了体育，这对于体育学科的发展无疑是非常有意义的；在形式结构上，为了满足社会的多样化需求，在大学中有体育系与体育专修科的双轨运行，在私立体育专科学校中有师范科、培训班等多种学习形式，这些形式虽不属于高等体育教育的层次，却与高等体育教育共享相同的资源，成为高等体育教育服务社会的一种形式；在办学力量上，教会立大学向中国政府完成注册后，形成了国家高等体育教育的独立，从此公立办学与私立办学两种力量并存；在办学分布上相对合理，但学校仍然集中在大城市；在管理体制上，既有国立又有省立，同时国家教育管理部门对所有的高等体育教育机构有调控管理的权力。而在学校内部，有评议会、教授会、董事会等来保障学校的运行；在教育体制上，课程分类明确，实行学分制与学年制，对教师也有明确的规定；在招生毕业制度上，也同样有着严格的资格审查制度和考试要求；等等。

由于这一时期高等体育教育在运行机制上已达到相对成熟，因此即使是在新开办的体育学校科、系中也都能够有行之有效的体制机制。比如 1935 年创办的重庆大学体育科、系，据程登科先生的介绍，重庆大学据国民党政府教育部指令及云南、贵州、四川三省教育厅的要求，增办体育科、系和体育教师训练班，聘其作为体育科、系主任。学校对入学资格有着明确的要求：体育系招收高中毕业生，学习四年，各年度经标准考试及格者方能升级、毕业；体育科招收高中毕业生，学习三年，各年度经标准考试及格者，方能升级、毕业；体育师资训练班招收体专及师范体育科毕业生，并需有三年教学经历或云南、贵州、四川三省的教育厅、局保送，训练一年，经标准考试后，回原岗工作。在教学要求上，学校要求在开学第一次上课时公布本学期的教学大纲、指定参考书目，平时要记录教学日志，还有教师互相听课制度等。课程设置分为学科和术科，都要按照教学大纲学习，并且有明确的考试标准。此外还有教学实习和各种体育活动，比如每年暑期举办横渡嘉陵江活动，十年未断，还有冬季室内体育表演、越野赛跑等。

二、成熟时期中国高等体育教育的历史意义

成熟时期高等体育教育的特点使其可以更好地发挥高等体育教育的功能，从而产生有别于其他时期的历史意义。第一，在近代社会发展方面，制度是制约社会发展与文明进步的关键性因素，在一定的社会和技术条件下，制度可以在短期内极大地改变社会的面貌。这一时期，国民党政府在党政军学各领域里设立了许多体育行政管理机构并制定颁布了有关的法律、规程、条例等，这都是以往时期所没有的，可以说是中国近代体育制度发展史上的一大进步。而在这些体育制度的背后是高等体育教育智库专家的支持。1932 年国民政府教育部在南京召开全国体育工作会议，会议通过的《国民体育实施方案》是由郝更生、吴蕴瑞、袁敦礼三人共同起草，后来此三人又同时被聘为教育部体育委员会委员召集人员。委员会成员共 18 人，大部分由留学欧美归国的人士构成，其中有 1/3 的成员是国立中央大学体育科、系的教师，他们时刻紧跟政府的节奏和决策需求，有针对性、操作性、时效性地提供对策及建议，承担起建设国家体育的使命，有效地发挥了高等体育教育中专家的独特作用。第二，在近代体育发展方面，与西方国家相比，我国近代体育的落后首先表现在体育教育思想上。西方国家早就形成了“以人为中心”的体育教育思想体系，而我国在很长的一段时间仍然坚持“以军国民体育思想为中心”的体育教育思想，而成熟时期高等体育教育摒弃旧的体育教育思想，确定以“促进人的全面发展”为宗旨的体育教育思想，以体育科、系的发展带动大学公共体育教育的发展，这些无疑在一定程度上推动了

我国体育教育思想与世界的接轨。第三，在近代高等体育教育发展方面，高等教育办学层次、科类结构、办学类别、教育制度、管理制度等是其发展中的核心问题，高等体育教育在这一时期结构与运行的相对成熟，使其在之后的发展中都可以从这一时期找到一些依据或者踪迹，其中很多原则和规范符合现代高等教育的发展方向。

第七章

近代中国高等体育教育的困难时期（1937—1949年）

第一节　困难时期中国高等体育教育发展的背景

一、战争的炮火阻碍了中国社会的发展

南京国民政府后期的时间跨度是从1937年到1949年。由于战争的影响，各方面的发展都受到了很大的限制，同时也形成了这一时期的特殊性：一方面这一时期经历了两个阶段，一个是全面抗日战争阶段，一个是抗战胜利后的解放战争阶段；另一方面形成了日伪统治区、国民党统治区、抗日根据地和解放区这三者性质不同的划分。

1937年7月，日本发动卢沟桥事变妄图全面占领中国，抗日战争全面爆发。对于日本侵华战争对中国的影响，有学者曾做出如此评价："日本侵华战争，是中国近代史上的空前浩劫。不仅中国人民的生命财产遭到惨重的牺牲与破坏，更重要的是把自1912年以后逐步展开的现代化与

工业化运动腰斩，使中国工业化进程至少推迟了半个世纪。”就经济发展而言，日本侵华战争阻断了中国经济的“起飞”，并使中国支付了昂贵的战争成本。战争的直接成本是指日本对中国资源的掠夺、对中国劳力的榨取及对中国城市工商业和农业生产的破坏。战争造成的间接成本支付也不容忽视。国民党政府财政预算的七成被迫用于军费，剩下的很小部分除了应对各类人员的薪资发放外，根本无力于经济建设。日本侵华战争使中国的社会经济遭受了极大破坏，农业歉收，工商业破产，经济陷于崩溃边缘。广大人民流离失所，生活困苦。日本帝国主义全面侵华是中华民族面临生死存亡的严峻考验，“抗战”随之成为中国社会的最大主题，成为中国民众的一致呼声。“抗战政治、抗战经济、抗战军事、抗战文化教育等，都围绕着抗战这个主题生动活泼地呈现出来，并且准备着下一个历史时期的转变。”① “抗战”主题自然也渗透到高等教育中，经济的陷于崩溃，经济政策转向为战争服务，工商业的破产，物资的匮乏，交通的阻断等，必然影响到高等教育的发展。

1945 年 8 月日本宣布无条件投降，抗日战争胜利。抗战的硝烟刚刚散去，内战的炮声又隆隆响起，蒋介石一方面疯狂抢夺胜利果实，积极准备发动内战以消灭革命力量。另一方面玩弄假和阴谋，企图谋取政治上的主动。国民党政府对中原解放区发动大规模军事围攻，接着又向各解放区实行进攻，全面内战爆发。国民党的一系列自绝于人民的行动激起了人民的反抗，在军事上全线崩溃和在政治上日益孤立的同时，其经济体系也迅速瓦解。抗日战争结束后，国民党政府接收大量敌伪资产，这给其提供了一个走出经济困境、振兴经济的机遇。但美帝国主义经济侵略的加剧、“四大家族”的野蛮掠夺和反革命战争的巨大消耗，使战

---

① 中国社会科学院近代史研究所. 中国近代通史（第一卷）[M]. 南京：江苏人民出版社，2012：68.

后中国经济的恢复与重建无法进行，国统区经济也陷入空前的危机之中：通货膨胀，财政金融紊乱；工商业纷纷倒闭，工业生产急剧下降；农业生产下降，农村经济破产。国民党统治区的经济崩溃，给广大人民带来了无穷无尽的灾难，加速了国民党反动政府的灭亡，也使得高等教育受到了很大的影响。

二、高等教育在战争中进入了极度困难的时期

七七事变后，国民党军队消极抗战，在战场上节节败退，祖国的大好河山从北到南、从东到西相继沦陷。日本侵略者的飞机在各地狂轰滥炸，战事迅速蔓延，高等教育也受到严重影响，进入了发展极度困难的时期。对于沦陷区的高校来说，它们面临三种选择：一是关闭学校；二是接受日寇和汉奸的“维持”“保管”；三是向内地迁移。广大师生感到只要中国还有不受日本控制的国土，就有责任自救，通过维持正常的教学工作，以表示中国人民抗敌和必胜的信心。当时所有的高校都毅然选择了向内地迁移的方案。[①]1937 年清华、北大、南开、中央大学等 33 所高校分别迁往湖南、山西、四川、江西、云南、贵州等地。1939 年又有 39 所高校内迁。由于高校经费一向严重不足，加上火车、轮船、卡车等运输工具都被征为军用，运输能力极为有限，高校内迁的征途极为艰难，漫长的内迁道路全靠师生们两条腿一步一步走出来。除去随身携带行李、图书、仪器，车拉人扛，十分吃力外，还得时时提防日本侵略者的空袭和追击，时时有人伤物毁之事发生。随着战争的扩大，常常刚刚安定下来又要搬家，不少高校二迁、三迁办学地点，最多者搬迁了八次。好不容易抵达大后方，等待广大师生的依然是“困难”。一则校舍紧张，临时

---

① 霍益萍．近代中国的高等教育［M］．上海：华东师范大学出版社，1999．

搭起的简易房屋不敷使用，只得租民宅、借庙宇，到茶馆去看书自修；二则图书仪器缺乏，大部分高校来不及将图书仪器迁出，侥幸抢救出来的一些也屡遭轰炸，可以说当时所有的大学都缺乏基本的教学和科研条件。由于经费奇缺、物价暴涨、货币贬值，广大师生的生活也江河日下，苦不堪言。教授的战前薪俸为每月 350 元，到 1940 年仅 13.6 元，到 1943 年仅值战前的 8.3 元，即使这样，教师还不能每月领到全额薪俸。教师携儿带女，一月工资不够半月花，大多连饭都吃不饱，为了养家糊口，他们有的忍痛出售心爱的书籍、碑帖，疲劳地四处兼差；有的靠写寿文、墓志铭来换取酬金；等等。学生的生活条件也很差，学生每月的伙食费呈跳跃式增高。为了解决吃饭问题，学生不得不在课余去校外兼差。正是在这种极端艰苦、困难的条件下，广大爱国师生为了国家的明日建设，依然用心读书，穷而益奋，千方百计地开展教学和科学研究。高校内迁的西南地区，是我国经济文化相对落后的地区，有的省没有一所专科以上的学校，中学亦凤毛麟角，内迁在某种意义上变成了文化的“播迁”。再如西迁陕甘地区的北京师范大学，时名西北师范学院，在陕、甘、宁、青、绥、豫六省建立中等教育辅导区，利用暑假举办体育、语文、英语、算术等各科教师讲习班、讨论会，帮助当地中学教师提高业务水平。高校内迁促进了迁移地区的文化开发，对于提高当地的文化教育和生产技术水平起了一定的作用。

1945 年日本帝国主义宣布无条件投降，9 月国民政府教育部在重庆召开“全国教育善后复员会议”，要求专科以上学校根据需要做合理的迁移和分布，具有历史但因战事停顿的学校应予恢复。1946 年后，抗战初期迁入西南内地的高等学校，通过各种途径，分期分批迁回了原地区、原校舍。抗战期间大部分高校被日寇占用，复员归来，等待广大师生的是满目疮痍、百废待举的情景。这一时期，国民党为了大肆搜刮民脂民膏，宣布用其发行的纸币“法币”1 元置换汪伪政府发行的纸币“储备票”20 元。于是物价飞涨，工厂停工。1948 年 8 月国民党政府又搞所谓“币制改革”，发行全国券，致使通货恶性膨胀，物价一日数变，民不聊生。对于高校师生的困难和痛苦，国民党政府视而不见。1946 年在美帝国主义的支持下，蒋介石悍然发起全国性的内战。蒋介石政府一方面向解放区发起军事进攻，另一方面在国统区则更加强其法西斯统治。在高等学校，国民党政府变本加厉地实行了残酷的高压政策，他们通过学校行政系统，对学生进行压服。具体通过训令高校校长、密令改组高校学生自治会、颁布学校教职员工甄审办法、设训育委员会，甚至是施行暴力等办法加强对高校师生的监视、控制和迫害。1948 年 1 月 12 日，国民党政府颁布了关于高等教育的最后的两个法规《专科学校法》和《大学法》，内容除“大学分文、理、法、医、农、工、商等学院，师范学院由国家单独设立，但国立大学得附设之”和在大学及专科学校内增设训育委员会等个别条款有所改动外，其余与 1929 年的法规相差无几。

全面抗日战争初期我国高等学校遭受日本侵略者的摧残蹂躏，造成巨大的破坏，学校数量和学生人数锐减。1936 年时，全国有大学和专科学校 108 所，在校学生 41 922 人，1937 年只有 91 所，减少了 15.7%，在校学生 31 188 人，减少了 25.6%。经过 1937、1938 年全国高校的内迁、调整、合并之后，到 1940 年，高校数量才上升为 113 所，略有增加，到 1945 年抗日战争胜利时，高等学校发展为 141 所，比 1936 年的 108 所增加了 30.6%，在校学生 83 498 人，比 1936 年增长了约 1 倍。[①]但就高等学校的类别来看，其发展是很不平衡的。1945 年与 1936 年相比，大学减少了 4 所，独立学院增加了 15 所，专科学校发展最快，增加了

① 郑登云. 中国高等教育史（上册）[M]. 上海：华东师范大学出版社，1994：53.

22 所。这是由当时的历史条件所决定的，一方面人才急需，另一方面经费、师资、设备却严重不足，大学发展受到人力、财力的限制。专科学校投资少，时间短，收效快，所以发展最快。由于当时师资缺乏，急待解决“师荒”，同时也由于师范院校多为公费，家境贫寒的学生入师范者为多，因此抗战期间，教育、师范科学生大幅度增加，加之国民党政府片面地倡导实用学科，对理论学科不重视，文、理科毕业生往往就业无门，于是文、理科学生大幅下降。

另一方面，中国共产党自成立后就开始重视培养革命干部。全面抗日战争初期，中国共产党建立了陕甘宁抗日民主根据地，1945 年春，中国共产党先后又从西北到华南在全国共建立了二十个左右抗日民主根据地。随着抗日民主根据地的建立和发展，抗战教育也蓬勃发展。抗日民主根据地的高等教育为抗日战争的胜利做出了重要贡献。高等教育在办学形式上最初是短训班式的高级干部学校，后逐渐发展为革命大学，包括苏维埃大学、红军大学、抗日大学等，它们是中国近代新民主主义高等教育的萌芽，到延安大学成立已经具有正规的学制。到解放战争时期各大解放区的高等教育相较于抗日战争时期在数量、门类、规模上都有了很大的发展。

三、体育事业的发展形成了不同的格局

抗日战争全面爆发以后，国统区体育受影响和冲击最大的是学校体育和竞技体育。学校体育的正常教学秩序被打乱，各种比赛被迫取消。为了应对抗战的需要，国民党政府推行战时教育，对学校体育的方针政策也做出了相应调整，学校体育的目标定位是“平时为自强，战时为卫国”。具体规定各校应切实推行军事训练、童子军训练和强迫课外运动，

并提倡劳动服务，以强健其体力。1939 年在重庆召开的全国教育会议通过了《体育教育改进案》，明确提出学校体育的目的为“培养自卫、卫国之能力”，并在学校中推行“训育制”，竭力对大、中、小学生进行“信仰或服从领袖”的“信仰训练”。与此同时，对学校体育实行体育与军事训练、与童子军训练、与战时后方服务训练相结合的教学内容体系。同时采用军事基地管理模式，如 1938 年颁布的《战时各级教育实施方案纲要》中所说：“学校及社会体育应普遍设施，整理体育教材，使之与军训、童训取得连贯”，并实行强迫课外运动。“对于管理工作应采取严格主义”，特别指出“在中等以上学校，一律采取严格主义”“在中等以上学校，一律采取军事管理方法”。[①]但是战争使得体育场地、体育经费比战前更为紧张，物价飞涨，学生的营养、卫生、医疗等条件落后，使学校体育的发展碰到了困难。尽管国民党政府有着加强学校体育的愿望，但是由于他们更多关注的是本党、本阶级的利益，加之体制运行的障碍，使得很多的法规、文件和做法并未能真正落到实处，广大学生的体质不仅没能得到很好的发展，似乎还有下降的趋势。国民党当局的材料中亦反映了这样的状况，长期饥饿导致贫血和营养不良的学生人数长期在 1/5 以上。竞技体育比赛在战争条件下也突然处于停顿的状态。[②]抗日战争胜利以后，随着国家形势的改变，国民党统治区的学校体育目标也调整为“健全体格”，在教学内容和时间安排上当然也有相应的调整，军事训练活动在学校体育中大大减少，体育的军事化色彩逐渐淡化。而在竞技体育方

---

① 教育部教育年鉴编纂委员会. 第二次中国教育年鉴［M］. 上海：商务印书馆，1948：10.

② 罗时铭. 中国体育通史·第三卷（1840—1926 年）［M］. 北京：人民体育出版社，2008：242.

面，1948 年在上海召开的第 7 届全国运动会是南京国民政府在大陆举办的最后一届全国运动会，这届运动会打破田径、游泳的全国纪录 17 项，创举重纪录 5 项。一方面创纪录选手多为港、台和华侨运动员，另一方面本届全运会较为混乱，由于贪污严重，裁判员、运动员吃不饱；为多赚门票拖延时间；由于物价一日数长，许多代表团经费告罄；运动会上打风盛行，篮球、足球赛场上殴打裁判员的情况屡屡发生。当时的媒体曾有这样的感叹："对这次全运会有两点感想：一是穷，二是凶。"又说："这次全运会是目前中国一切现象的缩影。"①1948 年也是近代史上中国最后一次组团参加奥运会。1947 年初，中华全国体育协进会收到了国际奥委会发来的参加 1948 年第十四届奥运会的邀请函。这时正是中国的国内战争时期，由于国内经济遭到很大破坏，参赛碰到的最大障碍就是钱的问题，最难的是向国民党政府要钱，董守义先生曾感慨万千地说："从申请到领款一共是 4 个月零 4 天，我为此事奔走各衙门共 41 次，南京和上海之间跑了 25 次。"②在经济极度困窘的条件下，理所当然中国代表团不可能取得好的比赛成绩，结果当然是无功而返，零分而归。

另一方面，与国统区形成鲜明对比的是边区和解放区的体育发展日益蓬勃。1936 年红军胜利结束长征到达陕北，抗日战争全面爆发后，陕甘宁边区和党中央所在地延安成了全国革命的心脏及敌后抗日斗争的指导中心。抗日根据地和解放区在进行文化教育建设的同时，也十分注意体育运动的发展。为了加强对体育运动的具体组织领导，1937 年上半年

① 罗时铭. 中国体育通史·第三卷（1840—1926 年）[M]. 北京：人民体育出版社，2008：254.

② 体育文史资料编审委员会. 体育史料（第二辑）[M]. 北京：人民体育出版社，1980：14.

“陕甘宁边区体育运动委员会”成立，1940 年“延安体育会”成立，1942 年“延安新体育学会”成立，各基层单位也纷纷建立了俱乐部和救亡室。抗战开始后，延安成为全国各地进步青年向往的革命圣地，1938 年左右大批进步青年，包括一些远涉重洋的爱国华侨子弟，跋山涉水，冲破国民党的重重封锁，历尽艰辛到陕北来寻求真理。党和边区政府为了适应青年特点，开展球类、田径、单杠、爬山、跑步等体育活动，并且举行过运动会。1939 年 7、8 月，中共中央青年工作委员会延安工作科下设了一个青年俱乐部，并发动群众修建了一个“青年运动场”，建立了各种体育设施，为延安群众开展体育活动创造了条件，延安的群众性体育活动从此轰轰烈烈地开展起来。[①]1942 年 9 月 1 日到 6 日扩大的延安“九一”运动大会得以举行，它是抗战期间革命根据地最大的一次运动会。其举行的目的是“支持反法西斯残酷的战争与繁忙的革命工作”“广泛开展国民体育运动”“使每一个国民应该有强壮的体魄，方能担负起繁重的抗日救国工作，建立自由幸福的新中国”。[②]为了迎接运动会，不少机关、学校、工厂、部队都进行了选拔赛和预备性比赛，从而组成了各自的代表队。除了延安市各机关、学校、工厂、部队外，还有各专署、县市的运动员参加。晋西北根据地一二〇师和新四军的代表专门从山西赶到延安来参加运动会，运动员有 1300 多人。运动会的比赛项目有田径、篮球、排球、游泳及武装爬山、武装爬障碍、射击、掷手榴弹等军事项目，还有网球、棒球、马术、武装渡河、单杠、双杠、武术等表演

① 罗时铭，赵讙华．中国体育通史·第四卷（1927—1949 年）［M］．北京：人民体育出版社，2008：259．

② 罗时铭，赵讙华．中国体育通史·第四卷（1927—1949 年）［M］．北京：人民体育出版社，2008：262．

项目。[①]《解放日报》不但详细报道了大会，而且还为运动大会出版了两期专刊，艺术家还专门为大会写了会歌。此外还举行了许多地方性竞赛活动，比如1937年5月在延安飞机场举行了延安“五一”运动会；1937年8月在南关公共体育场举行抗战动员运动大会；1938年举行了“一·二八”运动会；1939年举行了“六一抗大三周年运动会”；1940年举行了“三八”运动会；等等。各单位之间的基层竞赛或军队内部对抗赛就更多了。解放战争时期，为了争取革命战争的彻底胜利，中国共产党在解放区掀起了轰轰烈烈的土地改革，动员和组织广大劳动人民参加、支援解放战争，提高了他们的革命热情和积极性。在中国共产党的号召下，各解放区都根据不同情况制定了有关教育政策，并采取了积极措施，进行教育的恢复、改造和发展工作。1946年陕甘宁边区颁布了《战时教育方案》，其中提出要组织师生参加军事训练，学习侦查、通信、站岗、掷炸弹等实用技能。为了配合战争的需要，学校自然和卫生等课中加授了防空、防毒、急救看护等知识，使教师和年龄较大的学生具有自卫和作战能力。

日伪在沦陷区也开展体育活动，目的主要有三：一是宣传伪满“建国精神”“大东亚主义”和“新民主义”等奴化思想；二是粉饰太平、迷惑大众；三是为其进一步的侵略战争培训“后备军”，其反动本质昭然若揭。体育被日伪作为其政治、军事统治的实用工具和军事工具，总是遭到多方面的抵制。不是中国近代主流地区的体育，本书并不对其进行研究。

① 罗时铭，赵諓华. 中国体育通史·第四卷（1927—1949年）[M]. 北京：人民体育出版社，2008：262.

第二节 困难时期中国高等体育教育发展的概貌

一、困难时期中国高等教育制度与高等体育教育机构设置

抗日战争时期，广大高校爱国师生艰苦跋涉内迁，国民党政府不仅没有放弃封建法西斯的高等教育政策，反而在此时严加控制。1937 年 8 月，国民党政府颁布了“战时须作平时看”的办学方针，顽固推行其“一个政党、一个主义、一个领袖”的封建法西斯专制主义教育，竭力抵制教育界部分人士提出的配合抗战需要要求变更教育制度的合理要求。[①]之后国民党政府又发布了一系列与高等教育有关的法规，核心是进一步加强对高等学校的控制，主要表现在以下几个方面。第一，在高校中建立训导制度。借口矫正现行高校“偏于知识传授，忽略德育指导”的弊病发布一系列命令法则，比如规定高校以“礼义廉耻”作为“共同的校训”；颁布《训育纲要》，并要求以“上应严明以驭下，下应服从以事上”的法西斯准则为宗旨，在高校中建立国民党和三青团组织等。第二，加强对教师的控制，包括“劝请”教授加入国民党。他们利用各种机会，劝说、宴请、散发入党登记表，拉教授加入国民党。当然这种做法遭到了一些教授的严词拒绝。1940 年 8 月颁布《大学及独立学院教员资格审查暂行规程》，规定大学教师的任职资格统一由校部报教育部审查，而在以前大

① 郑登云. 中国高等教育史（上册）[M]. 上海：华东师范大学出版社，1994：248.

学教师一直是由院长参酌有关条例呈请校长聘请的。[①]1942 年国民党政府对高校教职工人数也进行了限制。第三，加强对学生的控制，具体包括改各校自行招生为全国统一招生，目的在于逐渐提高并统一大学生程度，为大学毕业会考做准备；实行毕业总考制，目的是通过大量的考试来迫使学生就范；实行贷金制度，抗日战争爆发后，不少学生经济十分困难，教育部在高校推行贷金制度，但由于高校训导处握有审核学生领取贷金的大权，贷金成为校方控制学生的武器，不少学生虽然功课很好，但停止贷金后只得退学或休学。[②]第四，加强对课程的管理。1938 年陈立夫任教育部长后提出大学课程整理办法草案，内容包括三条整理原则和九点整理要项，成为抗战期间各类大学课程设置的标准。课程整理原则包括规定统一标准，先从必修科目入手；注重基本训练，将文理法各科的基本学科定为共同必修，打下广博坚实的学术基础后，然后再专精一科；注重精要科目，使大学的科目设置统整与集中，琐细科目一律废除。课程整理要项包括大学第一学年不分学系，注重基本科目，第二学年起分系，第三、四学年视各院系性质酌设实用科目，以为出校后就业做准备；各大学兼采学年及学分制等。根据上述精神，教育部陆续颁布了文、理、农、工、师范等学院的共同必修科目表，1944 年对其进行了修订，最主要的修改是将三民主义和伦理学列为共同必修课，并由以前不计学分改为 4 学分。其中，师范学院的共同必修科目有：公民、三民主义、伦理学、国文、外国文、中国通史、世界通史；社会科学概论、政治学、经济学、社会学、法学概论等五门选修一种；哲学概论、理财

① 霍益萍．近代中国的高等教育［M］．上海：华东师范大学出版社，1999：245．

② 霍益萍．近代中国的高等教育［M］．上海：华东师范大学出版社，1999：247．

学、教育概论、教育心理学、中等教育等五门选修一种。[①]专科学校中，五年制专科共同必修课程为公民、三民主义、伦理学、国文、外国文、体育等科目；三年制及二年制专科共同必修课程为三民主义、伦理学、国文、外国文、体育等科目等。国民党制订、公布大学各学院共同必修科目表，把三民主义、公民、军训等科目列入必修科目，目的是贯彻法西斯主义教育方针，对高等学校师生进行思想统治，使他们成为忠实于国民党政府的工具。尽管共同必修科目表的颁行在一定程度上使各高校间有一个统一的、最低的课程标准，可以避免因人设课的弊端，但共同科目太多，师资难求，有些课程勉强凑足开出，而内容空洞，质量不高。又由于共同科目的分量过重，专科科目必相对减少，学生的专业知识水平因之而降低。在“战时须作平时看”方针指导下，国民党政府教育部对于旧课程并未进行认真整理，更没有根据抗战所需增加新课程，这种不顾客观形势的大学课程严重脱离抗战现实的需要。[②]

1940 年 10 月 10 日国民党政府在重庆大学召开了第一次全国国民体育会议，5 天的会议产生了 70 多件决议案，涉及体育发展的各个方面，指出了许多当时体育发展存在的问题。其中体育人才的匮乏是问题的关键之一，诸如《体育行政改进案》中所说：“国民体育之实施，应根据人才供求情形，广设专业训练机关，培养合格之干部人才”。[③]教育部体教议案《培养师资案》中指出“体育事业之推展，端赖人才经济与设备，人才一项，尤为根本之要素。吾国体育人才，虽不能谓之未加培养，然

① 霍益萍．近代中国的高等教育［M］．上海：华东师范大学出版社，1999：248．

② 郑登云．中国高等教育史（上册）［M］．上海：华东师范大学出版社，1994：353．

③ 国家体委体育文史工作委员会，全国体总文史资料编审委员会．中国近代体育议决案选编［M］．北京：人民体育出版社，1990：183．

因一般看法，仅在造就少数学校体育教员，而未计及全体民众体育指导员之需要……深感国民健康之重要，以锻炼体魄为要争政，则如何造就大量有能力负责之体育人才，实属首要之举”。[①]在1939年第三次全国教育会议上也有对体育人才的诉求，比如袁敦礼先生在《请设法造就高级体育人才，整理在职各级学校体育教师及奖励体育学术之研究案》中指出:“将近三十年，体育及行政组织，实施方案，课程标准等，均经先后规定，蔚为大观。但实际上体育之效果未见，体育之法令等于具文。其原因主要实为适当人才与学校研究之缺乏，过去均未为彻底之解决”[②]。而解决这些问题的办法都绕不过高等体育教育对体育人才的培养。本次全国国民体育会议的议决案中也提出了一些办法，比如《培养师资案》中提出造就体育人才的办法:“一、为适应目前急切需要，由教育部另拨经费，通令原有体育科、系之各师范学院，自三是年度一律均应设立三年制体育童子军专修科，大量培养师资及增设一年制之师资训练班，以改造原有之体育师资，而宏国民体育。各科、系及师资训练班应视体育发展情形，随时予以改善，体育系尤其当以研究体育学术及造就高级体育干部为目标，充实其内容。二、除师范学院已设有体育科、系者外，应在督促其他公私立大学或学院增设体育科、系，从事培养体育干部人才。三、筹设五年制体育师范专科学校……四、从速设立体育师范学校，或在师范学校内设体育师范科……”。尽管困难重重，在抗日战争以后仍然有一大批的体育专业学校陆续诞生，表7-1列出了这一时期主要的体育专业学校、科、系。[③]

---

① 国家体委体育文史工作委员会，全国体总文史资料编审委员会. 中国近代体育议决案选编［M］. 北京：人民体育出版社，1990：171.

② 国家体委体育文史工作委员会，全国体总文史资料编审委员会. 中国近代体育议决案选编［M］. 北京：人民体育出版社，1990：153.

③ 罗时铭. 中国体育通史·第三卷（1840—1926年）［M］. 北京：人民体育出版社，2008：238.

表 7-1　南京国民政府后期国统区创办的主要体育学校和体育科、系

体育科、系名称	性质	创建时间/年	学制/年
广东省立文理学院体育专修科	省立	1937	3
湖南国立师范学院 体育系、体育童军专修科	国立	1939	3（科） 4（系）
四川国立女子师范学院体育专修科	国立	1940	3
国立重庆师范学校体育科	国立	1940	3
省立安徽学院体育童子军专修科	省立	1940	2
四川省立成都师范学校体育科	省立	1941	3
国立湖北师范学院体育专修科	国立	1941	2
四川国立体育师范专科学校	国立	1941	2 和 5
国立贵阳师范学院体育科	国立	1941	2
四川省立体育专科学校	省立	1943	5 和 2
私立泾南体育专科学校	私立	1944	2
中央干部学校体育童子科	国立	1944	2
国立中山大学体育系	国立	1945	4
台湾省立师范学院体育专修科	省立	1946	3 和 5
辽宁省立沈阳师范专科学校	省立	1946	2
河北省立女子师范学院体育系	省立	1946	4
吉林私立中正体育专科学校	私立	1946	2
河北省立师范专科学校体育科	省立	1946	2
河北省立天津师范学校体育科	省立	1946	3
台湾省立台北师范学校体育科	省立	1947	3

资料来源：

[1] 学校体育大辞典编委会. 学校体育大辞典［M］. 武汉：武汉工业大学出版社，1994.

[2] 成都体育学院体育史研究所. 中国近代体育史资料［M］. 成都：四川教育出版社，1988.

[3] 体育文史资料编审委员会. 体育史料（第一辑）［M］北京：人民体育出版社，1980.

[4] 国家体委体育文史工作委员会，中国体育史学会. 中国近代体育史［M］. 北京：北京体育学院出版社，1989.

[5] 中国大百科全书出版社编辑部. 中国大百科全书：体育［M］. 北京：中国大百科全书出版社，1982.

另一方面，中共中央还在苏维埃根据地的时候就已经创办了大学，以培养高级干部，到了抗日战争时期，又制定了抗战教育的方针、政策。1937 年 7 月毛泽东在《反对日本进攻的方针、办法和前途》一文中，主张“根本改革过去的教育方针和教育制度。不急之务和不合理的办法，一概废弃”。1937 年 8 月 25 日，在洛川会议的报告中毛泽东又指出“抗日的教育政策：改变教育的旧制度、旧课程，实行以抗日救国为目标的新制度、新课程”。[①]1937 年 11 月在党的六届六中全会政治报告中毛泽东又进一步提出：“在一切为着战争的原则下，一切文化教育事业均应使之适合战争的需要，因此全民族的第十个任务在于实行如下各项的文化教育政策。第一，改订学制，废除不急需与不必要的课程，改变管理制度，以教授战争所必须之课程及发扬学生的学习积极性为原则。第二，创设并扩大增强各种干部学校，培养大批的抗日干部。第三，广泛发展民众教育，组织各种补习学校……第四，办理义务的小学教育，以民族精神教育新后代。……伟大的抗战必须有伟大的抗战教育运动与之相结合，二者间的不配合现象亟应免除。”抗日战争时期，以延安为中心的陕甘宁根据地是中共中央所在地，也是抗日民主斗争的基地和指挥中心。同时，延安又是无产阶级革命大学最集中的地区。1935 年，中央红军长征到达陕北革命根据地后，为了培养抗日民主斗争的高级干部，党中央决定继续开办中央党校和红军大学。随后由于抗日民主斗争形势发展的需要，党中央又在延安开办了陕北公学、马列学院、鲁迅艺术学院、中国女子大学、自然科学院、医科大学、延安大学、民族学院、行政学院、俄文学院、泽东青年干部学校等高级干部学校。延安大学体育系是根据地第一个培养体育专业干部的机构，尽管由于办学困难第一届学生毕业

① 中共中央毛泽东选集出版委员会．毛泽东选集（第二卷）［M］．北京：人民出版社，1991．

后体育系就停办了，但其仍然为延安和边区体育事业的发展起到了积极的作用。

二、困难时期中国国统区高等体育教育的发展——以国立师范学院体育系为例

（一）办学宗旨

全面抗日战争爆发后，祖国大片土地相继沦陷。1938 年国民党临时全国代表大会通过《战时各级教育实施方案纲要》，指出“对师资之训练，应特别重视，而亟谋实施，各级学校教师之资格审查与学术进修之办法，应从速规定，为养成中等学校德智体三育之急需之师资，并应参酌从前高等师范之旧制而急谋设置”。[①]秉承《战时各级教育实施方案纲要》精神出台的《师范学院规程》指出“师范学院单独设立，或于大学中设置，由教育部审查全国各地情形分区设立”。教育部立足当时全国师范教育的基础和战争形势，确定添设独立师范学院一所，命名为国立师范学院（以下简称国师）。国师于 1938 年始创于蓝田，后因日军侵略西迁湖南省溆浦县，抗日战争胜利后迁衡山南岳，在抗日战争时期，以办学严格和质量过硬著称。1939 年 6 月国师设三年制体育童子军专修科，面向全国招生。1942 年夏增设体育师资训练班，学生由各省保送。1944 年，因各地急需体育师资，奉命将三年制体育童子军专修科改为二年制。1945 年秋又增设四年制体育系，1949 年底国师并入湖南大学，1950 年体育系并入武汉的中原大学（今华中师范大学），国师体育系停办。国师体育系是抗日战争时期规模较大的一所高等体育教育机构。

---

① 教育部教育年鉴编纂委员会. 第二次中国教育年鉴［M］. 上海：商务印书馆，1948：10.

（二）课程设置

体育系的课程设置基本上按当时教育部的规定，但有时兼顾教学力量的实际情况也做些变动。国师体育系的课程分为必修课程和选修课程两大类，选修课在其他系选修。必修课包括普通课程和专业课程两大类。三民主义、国文、英文、历史、地理、社会学、教育概论、教育心理、中等教育、普通教学法、军事训练等是全校学生的共同必修课，体育科、系的学生必须学习。开始有的人认为体育科、系的学生文化水平可能较低，主张降低要求。国文系就专为体育科、系学生编了一本较浅的教材，但在一年一度的全校国文评比竞赛中，体育科、系学生的成绩竟在一般水平之上，这使一些老先生大为惊讶，从此调换国文课本，与其他各系相同。在全校教育学的竞试中，体育科、系的代表更是成绩优异，名列前茅，深受教育系教师们的赞扬。①

专业课分学科和术科两个方面。其中学科课程包括人体解剖学、人体生理学、卫生学、运动生理学、健康检查、急救学等，这些是体育系最重要的专业基础课，由赵学敏教授担任。他是留德多年获得博士学位的医学教育家，在教学中把理论与运动实践紧密结合，激发了同学们学习这些课程的积极性。此外，学科课程还有体育概论、体育原理、体育史、体育行政、体育教学法、运动裁判法、体育测验与统计、矫正体操及按摩、小学体育等；术科课程有田径、体操、武术、篮球、排球、足球、棒垒球、手球及游泳，还有童子军课等。每周约有40课时的课，一般每天学科课4节，术科课2节。还有课外活动，学生的学习和锻炼

① 体育文史资料编审委员会．体育史料（第九辑）［M］．北京：人民体育出版社，1983：11．

是很紧张的。[1]技术课程是按运动项目的季节性安排的，春秋以田径、体操、篮球为主，夏季以游泳、排球、棒垒球为主，冬季以足球、手球、武术等项目为主，每周还有一次越野跑或中长跑。当然这也不是绝对的，比如田径课是最基本的，一般全年都有安排，只是夏、冬季节课时较少。这种安排使学生每年都有接触每个运动项目的机会，有的项目一年反复接触几次，这对掌握和提高技术是颇有好处的。

（三）教学条件

学校建在光明山上，东离蓝田市镇约数里，校本部“李园”大院，原是清末名人李燮和的故居。学校体育场是平整附近的梯田建造的，跑道周长350米，中间是足球场。还有十几个篮、排球场、棒垒球场和两个网球场，约可容纳千人的竹木结构大礼堂，兼作风雨操场，还有一片投掷场和几处零星的器械场地。有自远山汇流而来的涧水，在溪边搭起几间男、女竹篷更衣室，崖下浮置几杆毛竹作为救生设备，便成天然游泳场。在战争时期有这样的设备也就算是不错的了。[2]

（四）师资力量

国师的师资力量较强，院长廖世承先生是一位知名的教育家。教务长是后来出任厦门大学校长的生物学家汪德耀教授。他从教学措施到学生的学习纪律、课堂礼节等都做了简明规定，要求认真贯彻。所以学校教学秩序严整、校风朴实、学风良好。系主任金兆钧教授曾留学美国，他主张理论、技术并重。不少体育界知名人士如赵敏学、陈奎生、涂文、徐汝康、俞晋祥、葛衢康、董承良、胡钧生、曹庸芳、张登魁等均先后

① 体育文史资料编审委员会. 体育史料（第九辑）[M]. 北京：人民体育出版社，1983：11.

② 体育文史资料编审委员会. 体育史料（第九辑）[M]. 北京：人民体育出版社，1983：10.

到系任教。学校南迁后，吴蕴瑞教授也曾到校讲学。在国师 11 个科、系中，体育系朝气蓬勃，是公认办得有成绩的。

（五）学生情况

国师体育科自创办以来，共办学十年，培养了四年制体育系毕业生 4 届共 35 人，三年制和两年制体育童子军专修科毕业生 10 届共 158 人，一年制体育师资训练班 2 届，毕业 15 人，共计 208 人。①

在国师各科、系都有学会的活动，体育科有“体育学会”和“体童学会”，这是学生的学术性组织，经常开展两类活动：一类是学术活动，学会先后创办了《体育与健康》《健康教育月刊》《行健》等刊物。这些都是体育理论与实践相结合的刊物，作为体育系师生发表教学研究和学习心得的园地，也刊登校友和院外教师的来稿。学会推选一些学生作读书报告并聘请特约教授和名家作专题学术讲演。另一类是竞技活动，学会负责组织全系性的比赛。通过学会活动，体育系的学术氛围变得活跃起来。

国师培养的历届毕业生大多分布在华东、华中、华南各地，并且一直坚持在体育界工作，不少人成为体育部门、教育部门的体育骨干、高等院校的体育教授、教研室主任及国家级教练员、裁判员等，为新中国体育事业的建设做出了重要贡献。如上海体育学院原院长章钜林、安徽师范大学原体育系主任张世锡，武汉市原体委主任张谷泉等都是国师培养的毕业生。

（六）小结

尽管抗日战争爆发后社会环境遭到了严重的破坏，高校受到了严重的影响，但是由于特殊的历史条件，一方面人才急需，国民党政府在

① 范叶飞．湖南省普通高校体育专业教育发展史研究［D］．长沙：湖南师范大学，2006：15．

制定抗战时期教育方针时给予高等师范教育超过以往的重视，由于当时师资缺乏，“师荒”问题亟待解决，同时也由于师范院校多为公费，家境贫寒的学生入师范者为多；另一方面由于经费、师资、设备严重不足，大学发展受到人力、财力的限制，而专科学校投资少，时间短，收效快，所以快速发展。而高等师范院校和专科学校又是高等体育教育的主要阵地，因此，在社会环境极为困难的时期，高等体育教育规模反而有了较为明显的扩大，加之国民党政府对高等教育加强管理力度，高等体育教育仍然继续努力保持着高质量的办学，还大力根据地方的需求来办学，开展对所划定区域的中等教育辅导，比如国立西北师范学院的辅导区域为豫、陕、甘、宁、青、绥六省，学院专门设立中等教育辅导委员会，经常举办暑期体育讲习班等，帮助当地体育教师提高业务水平。

三、困难时期中国抗日根据地和解放区高等体育教育的发展——以延安大学体育系为例

（一）办学宗旨

为了满足抗战需求、提高民众的文化水平，中国共产党号召大力发展学校教育事业。办校作为培养精英最集中、成效最快的方式，引起了中国共产党的关注和重视。1941 年春，在中共中央青年干部委员会军体部直接领导下一个体育训练班得以创建，该班设在延安青年干部学校的山头上。同年 9 月，陕北公学、中国女子大学和延安青年干部学校合并成立了延安大学，体育训练班并入后成立了历史上著名的延安大学体育系，成为根据地第一个培养体育专业干部的高等教育机构。

（二）教学条件与课程设置

体育系的学生学习生活艰苦朴素，雨天上课的教室是窑洞，晴天则

在山沟或山坡上上课，大腿就是课桌。体育的场地器材，全部自己想办法解决和动手制作。比如田径场开辟在延河滩上，游泳、滑冰在延河里进行，篮、排球网自己织造，破麻袋装上麦秸、羊毛就是体操垫子。根据《陕甘宁边区体育史料》中记载的吴江平同志所说："为了做两个垫子，跑了几个后勤，收集旧麻袋……这些都算不了什么困难，那时最困难的是没有鞋穿，靠公家发鞋是无论如何解决不了运动员的最低要求的，没有衬衣问题不大，赤脚搞运动，实在有点儿难以忍受，打草鞋旧布又不多，最后实在没有办法，就去找朱德总司令，他给批了一些布鞋，虽然有了鞋穿，但我们仍然不敢乱穿，人人都以最大的限度来爱惜它。我们也有吃不饱的时候，但这一切困难都没有影响我们的教学。"[①]由于延安大学体育系产生的特殊历史条件，教学只能采取"有什么教什么，会什么教什么"的方针，集中大家的智慧来办学。当时开设的课程有田径、游泳、篮球、排球、体操、教育学、体育原理、解剖学、生理、卫生等。

（三）师资力量与学生情况

延安大学体育系在创办时工作人员只有两、三个，负责人张远既搞基本建设，又搞行政工作，还兼教课。上课的老师也是兼职的，是工作人员跑遍全延安市请来的。没有教材，只好凭记忆。当时教授篮球的是抗日军政大学的俱乐部主任兼留守兵团俱乐部主任刘华峰，教授排球的是留守兵团的排球队长李英航和延安市排球队员王禹明，军事学院的董其祥负责教授丹麦体操，体育系干部刘铁负责教授单杠、双杠，延安大学教育系主任刘泽如教授教育学，医科大学教授薛公卓教生理、卫生，教师基本布满了延安，所有教师都是义务教学，除学校管一顿午餐外，

① 陕西省体育文史工作委员会．陕甘宁边区体育史料［M］．出版社不详，1986．

其他什么补助都没有。尽管如此，不管路多远，他们都热心地赶来上课，如医大的薛教授要跑十几里路来上课，既无马车可坐，又无任何补助，义务教学，有时还自备伙食。体育系首批学员有 30 多人，1942 年夏，因革命需要，各处来校要干部。这批学员就提前毕业，大多数到部队和边远地区的学校担任体育教学工作，他们对延安和边区的体育建设起到了积极的作用。延安大学体育系自力更生、艰苦奋斗的办学精神，是革命时期高等体育教育事业的光辉开端和楷模。[①]

（四）小结

处在战争环境下，中国共产党坚持教育为抗战服务的原则，从中国革命和根据地实际情况出发，尽管学校设备简陋，学习时间很短，但是延安大学体育系仍然以高昂的革命精神为人民培养了大量优秀革命干部，推动根据地及解放区的体育建设。特殊条件下抗日根据地高等体育教育的特点主要有：第一，在办学宗旨上，与以往培养体育师资不同，抗日根据地高等体育教育是培养体育干部，这是结合了根据地文化建设的实际情况提出来的。第二，在办学形式上，从短训班式的高级干部学校发展为正规的高等学校，并根据实际需要缩短学制，一方面是由于残酷的抗战环境，在“扫荡”与“反扫荡”中艰难办学需要随时调整计划；另一方面是急需干部，无论是前方和后方，军事的、政治的、经济的与文化教育的干部常常不够用，如不及时补充干部和提高干部素质，其必然影响革命工作的开展。[②]第三，在教学开展上，集中各种资源，无论是教学条件，还是师资力量，都秉承了艰苦奋斗、求实创新的精神，充分利用能够利用的一切条件开展教学工作。

---

① 谷世权．中国体育史（下册）[M]．北京：北京体育学院出版社，1989：286．

② 申绥改．论抗日民主根据地高等教育的特点和地位 [D]．武汉：华中师范大学，2003：14．

第三节　困难时期中国高等体育教育的特点和历史意义

一、困难时期中国高等体育教育的特点

由于特殊的历史条件，中国社会形成了三种性质不同的划分：国民党统治区、抗日根据地和解放区及日伪统治区。高等教育也随之形成了分化，由于日伪在沦陷区所开展体育活动主要是宣传奴化思想、粉饰太平和迷惑大众，不是中国近代主流地区的体育，本书并不对其进行研究。在国民党统治区和抗日根据地形成了不同的高等体育教育。

在国统区，根据“战时须作平时看”的教育方针，高等体育教育表现出特殊时期的一些特点。第一，办学规模相对扩大。战争条件下国民党政府强调注重实用科学，在一定程度上加大对师范教育和专科院校的支持力度，高等体育教育一直以此二者作为主要办学阵地，这使得高等体育教育不仅得以继续发展，而且办学规模相对得以扩大。第二，办学质量相对较高。战争条件下，国民党政府加强对各个方面的控制，在高校中对课程、教材、教师、学生等都加以法西斯式的严格控制。尽管存在很多不合理的地方，但是这对原有的高等体育教育发展成果在客观上起到了保障作用，因而出现了一些办学质量较高的体育科、系。第三，以培养急缺的体育师资为主要目标，带动国统区体育的发展。

而在根据地，根据“一切为抗战服务”的原则，延安大学体育系作为唯一的高等体育教育办学机构也表现出其时代特点。第一，将培养体育干部作为办学宗旨，通过对体育干部的培养来带动整个根据地体育的

建设和发展，从而更好地为抗战服务。第二，教育与实际相结合。通过缩短学制，集中各种现有资源和创造资源来尽可能地保障教学的进行和抗战的需求。第三，办学条件十分艰苦。尽管办学条件十分艰苦，但在根据地教师和学生们都秉承艰苦奋斗、求实创新的精神努力开展教学。

二、困难时期中国高等体育教育的历史意义

困难时期高等体育教育发展的历史意义在于：第一，对于近代社会发展而言，战争条件下政治、经济、文化都受到了巨大的影响，医疗条件简陋破败，体育在强健体魄和保家卫国方面的作用更为突显，内迁的高校帮助落后地区发展体育，增强体魄，振奋精神，为抗日战争的胜利做出了重要的贡献。第二，对于近代体育发展而言，战时国民党政府加强了对学校体育的管理，高等体育教育的意义更多还是体现在保障学校体育教育的开展方面，比如对于教材的编写，对师资、童子军教练的培养，等等。第三，对于近代高等体育教育而言，这一时期高校内迁带动了西南、西北的高等体育教育以及根据地的发展，使高等体育教育的布局整体上趋向合理，规模扩大，也使得近代以来发展起来的高等体育教育能够得以弦歌不辍，而且还出现了一些办学质量高的科、系，不仅为抗战胜利做出重要贡献，而且其在特殊时期的办学理念及精神对于中国社会主义建设来说更为宝贵，很多还成为中华人民共和国成立初期高等体育教育的重要力量。

第八章 近代中国高等体育教育发展历程的审视

第一节 近代中国高等体育教育的发展流变与特征

一、近代中国高等体育教育办学宗旨的流变与特征

在办学宗旨方面，萌芽时期由于救亡自强的特殊社会背景，在日本影响下学校体育课程表现出以兵式体操和器械体操为主要内容的特点，随之体育专业教育办学作为培养体育师资的机构，在办学宗旨上也主要是基于救亡的目的，直接目标是培养能够教授兵操的师资；探索时期高等体育教育逐渐确立起来，办学宗旨得以拓展，注重但不局限于培养体育师资。自学校体育课程广泛开设以来，中国社会对于体育师资的需求一直是供不应求的状态，所以在整个近代时期培养体育师资都是高等体育教育的重中之重。随着近代体育事业的整体发展，对于体育人才的需求也更加多样化，在政府部门体育机关、公共体育场、体育竞赛中

都需要体育专业人才，因此这一时期高等体育教育对于人才的培养也随着社会的需求而注重多种能力的培养；到了成熟时期，社会环境相对稳定，高等体育教育不仅在培养能够教授近代西方体育项目的师资方面做出了贡献，而且在服务政府和建立近代体育制度方面也发挥了重要功能；困难时期中国社会形成了分化，国统区仍然以培养体育师资为主要目标，而在抗日根据地则形成了为抗战培养体育干部的特殊时期办学宗旨。

纵观整个近代时期，培养体育师资都是办学宗旨的主线，只不过随着不同阶段社会政治和近代体育的发展，办学宗旨中培养体育师资的目的有所变化。教育的两种基本功能是促进人的发展和促进社会的发展，虽然这两种基本功能在本质上是统一的，但在教育实践上，却往往存在畸重畸轻，甚至矛盾冲突的现象。在某一时期，只强调教育的社会功能而忽视发展人的个性的功能，把人视为阶级斗争的工具，而在另一时期，片面强调个性自由发展致使学校所培养的人不能适应社会需要，不论片面强调哪一种都既不利于社会发展，也不利于人的发展。然而正如前文所说，社会政治的发展是近代中国社会的主题，每当政治因素突显时，对于体育的解读就会上升到保家卫国的高度，高等体育教育的办学宗旨就会更偏重于发挥其社会功能，而将培养体育师资作为办学宗旨是因为对师资的培养是政府传播其统治思想最直接和影响最广泛的途径；而当政治环境相对宽松时，近代体育自身的发展不仅需要高等体育教育培养能够教授新式体育的师资，而且随之而来的近代体育事业的发展会引起更多对体育人才的需求。

二、近代中国高等体育教育课程设置的流变与特征

在课程设置方面，萌芽时期体育专业教育的课程设置中术科课程占

多数，而且术科课程多为各式体操，并以兵式体操和器械体操为主；探索时期随着军国民主义思想的衰落和自然主义思想的传播，课程设置更加注重田径、球类等近代西方体育项目，同时开始重视全面提高体育教师的综合素质，甚至偏重理论学科，减少术科课程；成熟时期，其课程结构更加丰富，既开设面广量大的基础教育和通识教育课程，又在专业课程上采取了理论课和技术课并举的方针。此外教育类课程也相对独立出来，为培养知识面宽、专业基础扎实又具有专业技能的体育人才打下基础；困难时期，由于社会的分化，在国统区除了对共同必修科目进行了统一的要求外，原来的课程设置尽量保持，尽管共同必修科目表的颁行在一定程度上使各高校间有一个统一的、最低的课程标准，可以避免因人设课的弊端，但共同科目太多，师资难求，有些课程勉强凑足开出，但其内容空洞，质量不高；在抗日根据地则由于条件艰苦只能根据实际并结合抗战需求采取有什么上什么的方法。

显然在近代时期，高等体育教育的课程结构逐渐从单一走向多元，从最初以术科为主，逐步发展为学、术并重，学科课程既注重通识教育以拓宽学生的知识面，又注重专业课程的分类细化，此外还有选修课程。从这些变化当中我们能够发现，当社会政治发展相对稳定时，高等体育教育课程设置的发展流变更加注重其促进人的发展的功能，即人的整体素质的发展。尽管由于时代与阶级不同，他们所设想的理想人格所具备的素质不同，但有两点是基本一致的：一是人的素质，包含体力与脑力、知识与道德等；二是构成人的整体素质的各种因素，因而对各种素质因素的培养，应当兼顾并重，使个性得以和谐发展，近代中国高等体育教育课程设置从单一走向多元的特点正是遵循教育内部关系规律的一种体现。

三、近代中国高等体育教育师资力量的流变与特征

在师资力量方面，萌芽时期体育专业教育的师资除了日本教习和留日归国的毕业生，还有许多从军事武备学堂毕业的学生，处处受到日本军国民主义思想的影响；探索时期，一方面来自美国的专家和留美回国的师资传播自然主义思想、编写教材、创办刊物，加强了体育学术研究工作，另一方面政府加强了本土青年教师到美国学习交流，体育教学由仿日向仿美转变；成熟时期留美学生已然在高等体育教育的发展中挑起大梁，除了更加丰富的学术研究成果外，他们还在巩固和健全教育教学制度等方面做出了贡献；困难时期体育师资匮乏成为国统区体育建设的制约因素，而在抗日根据地高等体育教育的师资主要是兼职，虽然各方面条件都极为简陋，但其对高等体育教育事业的奉献精神却无比光辉，同时对抗战建设起到重要作用。

体育留学生贡献突出是近代中国高等体育教育师资情况流变的突出特点。近代以来，在高等体育教育从萌芽走向相对成熟的过程中，有许多历史人物起了一定的作用，这些历史人物中有一些外国人，包括旅居中国的外国传教士、军人、教师等，也有许多中国人，包括出访人员、留学生等，但从贡献大小和影响程度来说，体育留学生发挥了更大的作用，他们从器物层（比如项目的引介、技术的发展等）、制度层（比如体育教育体制的创建与规范、体育科研体制的创立等）和思想层（比如军国民体育思想、自然主义体育思想、民族体育思想以及体育思想的争鸣与讨论等）等多方面为发展本国高等体育教育做出了积极贡献，特别是努力从事人才培养和科学研究使体育走向科学化。

四、近代中国高等体育教育学生情况的流变与特征

在学生情况方面，萌芽时期的学生一部分走向了革命的道路，一部分毕业后成为体育教师；探索时期尽管政府采取了免学费等措施，报考体育科、系的学生仍然很少，但学生质量高及对体育人才的急需使得毕业生的出路都很好，随着时间的推移又反过来促进了招生；成熟时期，学校制度执行机制逐渐完善，招考和毕业制度都很严格，尽管有肄业的学生，但是学生质量高，为学校赢得了声望，也为体育事业的发展做出了贡献；困难时期国统区体育科、系的学生为辅导区学校体育的开展起到重要的指导作用，而革命根据地的学生则作为体育干部为根据地体育的开展及抗战胜利做出了重要贡献。

整个近代时期高等体育教育所培养的体育人才是远远满足不了社会对体育人才的需求的，毕业生总体上表现出“少而优”的特点。“少”一方面是因为招生困难，另一方面是毕业要求严格；“优”则一方面是由于优秀的师资，而另一方面则是由于学校各项制度的严格实施。因而在近代高等体育教育的发展历程中涌现出一批优秀的体育人才，他们中有的成为各地区学校的体育教师，有的成为体育专科学校的创始人，有的为近代体育制度的建立做出了贡献，有的成为中华人民共和国成立初期体育系统的骨干人员。教育需要通过培养人的教育活动来对社会的发展起作用，随着近代社会的进步和近代体育的发展，高等体育教育所培养的人才从目标、规格到内容、质量都在不断地变化。尽管在中国社会近代化的过程中体育不能像工、农、商、法那样给社会带来直接的经济效益，但其对于改造传统陋习和旧观念，振奋民族精神等有着独特的作用，加上高等体育教育内外部的良性作用，使得近代中国高等体育教育尽管一

直以来规模都不大，但其所培养出的体育人才却仍然为中国社会近代化做出重要贡献。

第二节 近代中国高等体育教育发展变迁的影响因素

一、政治变革与政策导向是近代中国高等体育教育变迁的外部动因

中国近代社会经历了动荡和复杂的社会变革，在社会变革过程中近代中国高等体育教育也逐渐建立和发展起来。在萌芽时期高等体育教育被不同办学力量赋予了不同的政治期望，随着辛亥革命的爆发，很多体育办学机构都停办了。半殖民地半封建的社会性质使得教会办学有了生存和发展的土壤。在探索时期我国高等体育教育办学主要有公立、私立和教会立，然而随着南京国民政府的成立，中国社会获得了短暂的、相对稳定的发展空间，中国人民从未放弃过对主权独立的努力。随着政治经济的发展，收回教育权的活动得以进行，到了成熟时期体育教育逐渐发展为只有公立和私立体育办学，且私立占多数，后来南京国民政府将师资训练机构收归国有后，逐渐形成了公立占主导的教育结构。在这个过程中，社会政治变化引起政府主导颁布改革的法令政策，这对近代中国高等教育结构的发展变化发挥了重要的推动作用。

动力因素既存在于一事物与它事物的普遍联系之中，也存在于该事物内部各构成要素的相互依存、相互作用之中。在谈及近代中国高等教育的产生时，学界常用“后发外生”来加以概括[①]。近代中国高等体育教

① 张亚群．中国近代高等教育的外来性与本土化［J］．大连大学学报，2008（1）：17．

育是伴随着社会转型和时代变迁而产生的，不管社会政治发展变革的促成因素中是否包含教育这一影响因素，社会政治的发展变革必然会导致高等体育教育的发展变革。统治阶级的政治思想、政治措施需要通过高等体育教育来传播和实践，政府往往通过国家政权来控制高等体育教育、掌握高等体育教育的领导权，使高等体育教育符合本阶级的利益，维护其统治。社会政治对高等体育教育的推动作用同样要求政治为高等体育教育创造一定的政治环境，如安定团结的政治局面、持久而灵活的政策指向、科学民主的决策系统等，只有这样，政治才能成为动力推动高等体育教育的运行。[①]从时间维度看，社会政治重大变革和社会转型所造成的时代境遇是高等体育教育制度变革的先决条件和直接动因。从空间维度看，社会局势动荡时，高等体育教育发展就相对迟缓；政策指向明确时，高等体育教育的发展速度就相对加快，然而因缺少基于自身发展环境条件的自主抉择，所以不足以形成自身发展所固有的特征和优势；社会政策宽松时，高等体育专业教育因其尊重自身规律而健康、稳步向前发展。

二、体育学科自身发展是近代中国高等体育教育变迁的内部动因

萌芽时期在洋务和维新思潮影响下西方兵式体操被率先引入中国，其目的在于“师夷长技以制夷”，主导思想仍然是中体西用，只不过在军队中引入了新式的训练方法。中国近代体育虽然从西方舶来，但并不具有系统性和完整性，尤其体现在知识层面，而且在中国近代社会背景的反衬下，显得更加表面化和世俗化。统治阶级意识到强健的身体和驯服的思想在巩固自身统治地位中的重要作用，看到了体育所能够扮演的重

① 龚祖文，李远和，周炳球，等．高等教育运行的动力机制［J］．高等教育研究，1989（2）：22–27．

要角色，进而寄希望于改良的学校教育。即使“癸卯学制”奠定了体操课在各类各式学校中的地位，1906 年清廷学部在通令开设体操专修科时规定了教授“体操、游戏、教育、生理、教授等法”，但其学科基础仍然是很脆弱的，“体育”离真正的学科还很远。就学科知识体系而言，体操科依然不具有系统的体育科学知识体系，它所教授的内容仍然是以身体训练为主。

但到了探索时期，以南高师体育专修科课程为例，体育课程中除了兵式操、体操术等注重身体训练的传统课程，教育心理、体育史、应用解剖和生理学等课程也被引入。到了 20 世纪二三十年代，体育科、系的数量大幅增加，质量也提高了，相当多的大学开设了体育科、系，当时的国立中央大学体育科、系和国立北平师范大学体育科、系已经形成了完善的科、系结构，其系统化和专业化的课程设置丝毫不逊于当代。[①]这一时期体育科、系采用和其他传统学科一样的课程设置和人才培养理念，这足以说明体育学科已经发展成熟，从根本上为体育学科进一步发展奠定了良好的基础。

一般而言，学科应当从三个方面来理解：“一是教学的科目，二是学问的分支，三是学术的组织。”最早以体育为主要传播对象的刊物《体育界》是中国体操学校 1909 年在上海创办的。从此开始，中华大地上涌现了一批专注体育研究和传播的专业期刊，比较有名的《体育季刊》，1922 年由麦克乐创办，东南大学体育系主办，以“介绍体育科学知识和体育学术研究成果”为特色，在当时具有较强的学术性和广泛的影响力。该刊自 1923 年二卷一期起改为中华全国体育研究会会刊，后又改名为《体育与卫生》，最终并入《新教育》杂志。

---

① 成都体育学院体育史研究所. 中国近代体育史资料［M］. 成都：四川人民出版社，1988：308-336.

体育专业期刊的创办，不仅促进了体育科学知识的传播，而且促进了体育科学研究的发展，成为体育学科制度化过程的重要推动力量。学科制度化过程中，专业团体的作用很大，体育学科也不例外。成熟时期体育学术社团的发展，使得体育专业人士能够形成学术共同体，借此来交流学术成果、探讨科研方法、表达学术诉求，进而一致对外来维护体育科学的合理性和合法性。体育学科作为传播体育科学知识和进行实践的媒介，确定了其合法合理的知识系统和知识发展手段。体育学科的发展和确立并最终制度化，以及出现在政府规定的专科学校的门类中作为政府规定的独立门类，进一步改善了人们对于体育的态度，因此才会有更多的人愿意投身于体育科学研究中，从而与高等体育教育的发展形成一个良性循环。

第九章 近代中国高等体育教育发展历程的反思

第一节 近代中国高等体育教育发展的经验

一、借鉴国外先进经验是近代中国高等体育教育发展的重要路径

在漫长的古代社会，由于自给自足的自然经济、落后的交通条件等因素的限制，中国近代化和国际化的速度缓慢，所涉及的社会领域有限。但自工业革命以来，由于西方先发国家在物质和精神文明方面均处于优势地位，成为落后国家学习和效仿的榜样，教育领域的情况也是这样。由于缺少历史经验和基础，中国高等体育教育最初要完全依赖西方在专业知识、办学模式、教学方法等方面提供帮助才得以创立。陈平原先生说："从甲午惨败的反省，到五四运动的崛起，中国西化步伐之疾速，实在令人叹为观止。"

近代中国高等体育教育经历了从仿日到仿美的过程。仿日的原因在于殖民扩张击开中国大门，清政府从"天朝大国"的迷梦中惊醒错愕的

同时开始反思。日本和中国地理上相近，文化政治上相似，但日本明治维新后的快速发展使中日两国在近代化发展上展示出巨大的反差，这令中国人对日本实力刮目相看，那么对日本的学习和模仿可以说是一种历史的必然选择。第一次世界大战后日、美两国在华影响互为消长，1919 年前后中国相继爆发了新文化运动和五四运动，数千年的封建文化和思想观念被进行了前所未有的批判和清理，各种各样的新思潮、新主义出现在教育界，此时美国的教育理论在中国教育界广泛流传，逐渐取代了来自日本的理论，并开始深刻地影响中国的教育实践。体育课程内容也开始仿美，活泼有趣的西方竞技体育项目和丰富的学科课程深入课堂。师资方面或邀请美国专家或派青年教师出国交流，同时还有大批留美学生归国并在教育领域担当重任。随之而来的还有教学方法、教学组织形式及管理体制等方面的美国化，如校长与教务主任分工负责制、班级授课制、严格的年级制度、必修与选修课程相结合制度、初中高等教育相衔接的学制体系、学分制、实习制度及学位制度等。[①]中国在学习模仿美国的过程中，同前期学习日本相比已有很大的进步，各体育办学没有不假思索地盲目照搬和模仿，在学习美国的同时，并没有排斥其他国家的先进经验，而且还意识到了要与中国的具体国情相结合，满足国家需要。尽管舶来之物不可能对中国传统的“大学之道”进行深入研究，也不可能“上溯古制”对传统教育所遗赠的资源加以充分利用，但不得不承认中国悠久的文化并没有直接孕育出近代的高等教育，而是在模仿他国的过程中吸取经验，不断学习，促进我国近代高等体育教育的发展。

---

① 方家峰．中国近代高等工业教育研究（1840—1927）[D]．保定：河北大学，2011：261．

二、严格的招考和培养制度是近代中国高等体育教育发展的质量保障

由于近代中小学教育在中国起步晚、普及程度低，加之人们对体育一直存在“偏见”，早期中国高等体育教育所处的生源环境很差。但即使在这种条件下，一些学校仍然严格要求学生，本着“宁缺毋滥”和“重质不重量”的原则将学生质量放在首位。国立中央大学体育科、系的招生考试既有各门基础课程的考核，又有技术测试，还要进行口试，多种考试方式能够全面检验学生掌握知识的稳固程度和应用知识的熟练程度、应变能力、思维敏捷程度和语言表达能力等，这就为高等体育教育质量的保障争取了主动权；在金陵女子大学体育课缺勤要补课，不及格需补考重修，同时体育课程设置又强调趣味性，在培养学生的气质和意志品质及学生就业等方面取得了很好的效果。在国立师范学院体育系，起初有的人认为体育系学生文化水平可能较低，主张降低要求，但事实上体育系的学生却在竞赛中名列前茅，因而争取到了与其他科、系学习同样内容的权利。这些是严格的培养制度所产生的效益。这些因高等体育教育质量而闻名的办学机构从来没有因为学生数量仅为几个或十几个而降低要求，反而为了保障质量，曾在教学条件有限的情况下会等一届学生毕业后再招收新的学生。

质量是高等教育永恒的主题，也是高等学校的生命和灵魂。在一定的历史时期内，教育实践中的质量和数量往往是一对无法克服的矛盾，二者往往交替成为矛盾的主要方面，很难在同一时期两者兼顾。在教育资源有限的条件下，要想保证教育质量，只有舍弃对数量和规模的追求。不顾实际条件盲目追求规模的宏大，必然造成教育质量低下。当然，这并不是说数量少，质量就一定能高，还需要教育者兢兢业业地工作等作

为必要条件。①讲求办学的质量和效益是高等教育永恒的追求，办学质量与效益是对立统一的，一方面高等体育教育要保持效益必须要有一定数量的学生，但数量的扩大势必会影响到办学条件的改善，比如师资水平、场地器材等，从而影响教学质量；另一方面办学效益本身包含教育质量，教育质量的提高在一定条件下意味着办学效益的提高。②晚清和民国时期国力衰弱，高等教育资源极为有限，多数高等体育教育办学机构采取了质量优先的策略，常常只有几个学生符合要求，多的也只有十几、二十几人。可贵的是这些学校都能以这些为数不多的学生为教育对象，精心培育、严格要求，使有限的教育资源发挥最大的教育功效，培育出高质量的学生，并获得了教育界的认可与钦佩，从而反过来促进招生和就业，使得办学效益得到提高，达到办学质量与效益相互促进的效果。

三、促进人的全面发展是近代中国高等体育教育发展的客观宗旨

纵观近代中国高等体育教育的课程设置，我们会发现，最初体育课程只有学科和术科之分，到了成熟时期已经出现了普通基础课程、教育课程、体育专业课程和专选课程，课程结构越来越丰富，课程设置由最初强调工具性到逐渐注重人的全面发展。

著名高等教育学家潘懋元先生提出有关教育外部关系规律和内部关系规律的学说，认为教育内部因素很多，关系复杂，但从“教育是培养人的社会活动”这个教育的基本定义出发，人是教育的对象，教育的直接功能是促进人的整体素质全面发展。③美国教育家赫钦斯认为：“把人

① 方家峰．中国近代高等工业教育研究（1840—1927）［D］．保定：河北大学，2011：288．

② 敬文正，许长青．对高等学校办学质量与效益的思考［J］．高等教育研究，2002，18（4）：33．

③ 潘懋元，王伟廉．高等教育学［M］．福州：福建教育出版社，2007．

看作简单的生产工具，把学校看成是人力加工厂，按物的生产原则管理学校，这都是非人性的；从实际效果来看，这也是低效甚至是无效的……教育的目的在于培养人类的智慧，发挥人性，完善人，其目的是人，不是人力。教育无论如何必须要有自己的立足点，这个立足点就是永远不断地追求人的完善，这是教育的终极目的，并且实践也证明，终极教育目的不仅必要，而且应该置于教育目的体系中的最高层次"。从总体上讲，近代中国高等体育教育长期以来所实行的"重工具价值、轻人文价值"的教育理念是历史发展的局限和对高等体育教育内在发展规律认识的曲解。人是教育的主体，教育的直接功能是促进人的整体素质全面发展。高等体育教育只有遵循和依照这一基本规律，才能最大限度地发挥教育的基本功能。近代中国高等体育教育的历史经验证明高等体育教育应回归到培养人才、发展人性的本体功能上来。高等体育教育应依据"以人为本"的精神和以促进人的整体素质全面发展为逻辑起点和客观宗旨。

第二节　近代中国高等体育教育发展的教训

一、忽视融合创新影响了近代中国高等体育教育发展的生命力

回顾近代中国高等体育教育的发展历程，一个非常明显的现象就是我国高等体育教育的发展始终受到外国的强烈影响，而且向其学习对象还处于变化的状态，从清末时期模仿日本到 20 世纪 20 年代前后开始模仿美国。教育制度和教育思想是社会发展状况的一种反映和缩影，高等体育教育的发展变迁不可能脱离整个社会变革的趋势。就近代中国而言，西方近代教育和体育其本质上是资本主义的，与封建社会有着本质的不

同，是两个不同的社会历史阶段，我国封建社会教育的内容和形态都要远远落后于资本主义教育。西方近代体育教育是社会化大工业生产和民主制度的产物，是人类的共同财富，它代表了社会的发展方向，因而将其引入中国并取代封建社会的陈腐之学是不可抗拒的历史潮流。[①]然而这种引入和取代是迟缓的、不彻底和不稳固的，在处理民族传统与世界潮流的关系的过程中曾出现过“中体西用”“国粹主义”“土洋之争”等现象，究其原因，是在借鉴的过程中忽视了融合创新。近代中国高等体育教育学习世界先进经验是值得肯定的，学习对象的选择受到所处历史条件的影响，在融入世界潮流过程中与传统的教育制度、思想产生冲突时，如果完全照搬容易脱离本国实际，如果完全抵制排斥世界潮流就会进一步拉大与世界的差距，所以高等体育教育的发展在横向上受到同时代先进国家的影响，在纵向上受到本国传统和现实条件制约，高等体育教育只有在二者的融合创新中发展，既以世界潮流为目标，又立足国情，以传统和现实为基础，才能更加具有生命力。

二、办学经费匮乏阻碍了近代中国高等体育教育发展的多元化

“辛亥革命以后，各省财政多感困难”[②]，从清末继承而来的赔款、外债，以及连年不断的军阀混战所导致的国库空虚、经费匮乏导致政府对很多高校的补助费断绝，刚刚萌芽的私立高等体育教育办学机构因经费的欠缺已经产生了多种问题，诸如教学条件简陋、师资外流，甚至是停办等，随之又会产生更进一步的影响。例如，教学条件简陋一方面会影响教学质量，另一方面又使得学校无法扩大办学规模，而生源不足又

① 王华倬．论我国近现代中小学体育课程的发展演变及其历史经验［D］．北京：北京体育大学，2003：118．

② 柳芳．胡适教育文选［M］．北京：开明出版社，1992：156．

会影响学费收入，高等体育教育因而陷入办学经费没有着落的恶性循环。此外，经费匮乏导致很多学校因教学条件不能满足基本的教学要求，不得不采取能教什么教什么、有什么教什么或者是借用公共体育场的办法，这不仅使得原本就不成熟的教育教学更加缺乏长期的规划和稳定性，而且使得公共体育资源更加紧缺。经费短缺导致体育师资外流或者学校停办的情况主要发生在私立办学机构中，如此导致本就紧缺的师资资源更加集中于条件相对更好的公立办学机构，教育资源和教育形式结构发生失衡。而私立高等体育教育作为公立办学的重要补充，为社会培养了许多体育专门人才，是整个高等体育教育体系的重要组成部分，无论是办学宗旨还是教学实践都有它的独到之处，它们既与公立学校互相合作，又互相竞争，彼此间互为消长，从而推动高等体育教育的发展。[①]因而，高等体育教育的发展首先要有稳定的社会环境，并在此基础上保障办学经费才能多元良性发展。

三、对体育认识的落后制约了近代中国高等体育教育发展的规模

以孔子为代表的先秦儒家思想是中国古代社会的主导意识形态，它十分强调人的精神修养，而不是肉体力度，对“道德”的过分关注，使受教育者的发展过于片面，忽视了体育对人的全面发展的重要作用。[②]清末民国初年的体育与教育同根互生，近代西方体育是随着清末军事学堂中引入兵操进入近代中国社会的，也正因为如此，人们对体育最初的认识烙上了浓厚的军事色彩，甚至仅仅局限于兵式体操，而对体育专业教育的理解局限于培养教授兵操的师资，加之体育师资队伍中掺杂着旧式

---

① 熊明安. 民国时期私立高等教育的简要评述 [J]. 北京大学教育评论，2003，1 (3)：106.

② 娄春风. 中国人体育认知的发展变化对体育教育影响的探析 [J]. 河北体育学院学报，2009，23 (4)：43.

兵弁，造成不良的社会影响，更是引起了人们对体育的排斥。一方面是“学而优则仕”的封建思想的根深蒂固，另一方面是对体育和体育专业教育的片面认知和轻视，这使得即使是国立中央大学和北京师范大学这样在全国声望很高的学校也出现体育科、系招生困难的情况，制约了近代中国高等体育教育的发展，尤其是发展的规模。对体育认知的落后还直接影响了近代西方体育在中国的传播，当中小学的体育课程还是以兵操体育为主要内容的时候，在租界区和教会学校中进行着各种田径、球类等体育活动，使得中国体育代表团中教会学校学生占绝大多数。人们才开始意识到体育教育偏离了世界大势和教育潮流，并重新思考其向“正当体育”的回归。与此同时，自然主义体育思想的传播，课程结构的丰富，培养目标的拓展，人的全面发展的要求使近代中国高等体育教育逐渐形成体系。人类对体育的认识和高等体育教育的发展是相辅相成的，二者既相互促进又相互制约。

参考文献

[1] 姜义华，瞿林东，赵吉惠．史学导论［M］．上海：复旦大学出版社，2010．

[2] 李隆国．史学概论［M］．北京：北京大学出版社，2009．

[3] 潘懋元，王伟廉．高等教育学［M］．福州：福建教育出版社，2007．

[4] 杜作润，廖文武．高等教育学［M］．上海：复旦大学出版社，2003：25．

[5] 潘懋元．多学科观点的高等教育研究［M］．上海：上海教育出版社，2001：25．

[6] 中国社会科学院近代史研究所．中国近代通史（第一卷）［M］．南京：江苏人民出版社，2013．

[7] 陈学恂．中国近代教育大事记［M］．上海：上海教育出版社，1981．

[8] 陈学恂．中国近代教育史教学参考资料（上册）［M］．北京：人民教育出版社，1986．

[9] 陈学恂．中国近代教育史教学参考资料（下册）［M］．北京：人民教育出版社，1987．

[10] 陈学恂．中国近代教育史教学参考资料（中册）［M］．北京：人民教育出版社，1987．

[11] 陈学恂，田正平．中国近代教育史资料汇编·留学教育［M］．上海：上海教育出版社，1991．

［12］潘懋元，刘海峰．中国近代教育史资料汇编·高等教育［M］．上海：上海教育出版社，2007．

［13］璩鑫圭，唐良炎．中国近代教育史资料汇编·学制演变［M］．上海：上海教育出版社，1991．

［14］璩鑫圭，童富勇．中国近代教育史资料汇编·教育思想［M］．上海：上海教育出版社，2007．

［15］璩鑫圭．中国近代教育史资料汇编·鸦片战争时期教育［M］．上海：上海教育出版社，1990．

［16］璩鑫圭，童富勇，张守智．中国近代教育史资料汇编·实业教育 师范教育［M］．上海：上海教育出版社，2007．

［17］中国第二历史档案馆．中华民国史档案资料汇编（第三辑）教育［M］．南京：江苏古籍出版社，1991．

［18］教育部中国教育年鉴编审委员会．第一次中国教育年鉴［M］．上海：开明书店，1934．

［19］郑登云．中国高等教育史（上册）［M］．上海：华东师范大学出版社，1994．

［20］霍益萍．近代中国的高等教育［M］．上海：华东师范大学出版社，1999．

［21］崔运武．中国师范教育史［M］．太原：山西教育出版社，2006．

［22］吴洪成．中国近代教育思潮研究［M］．重庆：西南师范大学出版社，1993．

［23］谷世权．中国体育史（下册）［M］．北京：北京体育学院出版社，1989．

［24］成都体育学院体育史研究室．中国近代体育史简编［M］．北京：人民体育出版社，1981．

[25] 成都体育学院体育史研究所. 中国近代体育史资料 [M]. 成都: 四川教育出版社, 1988: 257.

[26] 苏竞存. 中国近代学校体育史[M]. 北京: 人民教育出版社, 1994.

[27] 崔乐泉, 杨向东. 中国体育思想史（近代卷）[M]. 北京: 首都师范大学出版社, 2008.

[28] 罗时铭. 中国体育通史·第三卷（1840—1926 年）[M]. 北京: 人民体育出版社, 2008.

[29] 罗时铭, 赵讖华. 中国体育通史·第四卷（1927—1949 年）[M]. 北京: 人民体育出版社, 2008.

[30] 国家体委体育文史工作委员会, 全国体总文史资料编审委员会. 中国近代体育议决案选编 [M]. 北京: 人民体育出版社, 1990.

[31] 孟宪承. 中国古代教育文选 [M]. 北京: 人民教育出版社, 1979: 95.

[32] 王文泉, 刘天路. 中国近代史（1840—1949）[M]. 北京: 高等教育出版社, 2001: 336.

[33] 薛文婷. 中国近代体育新闻传播史论（1840—1949）[M]. 北京: 北京体育大学出版社, 2010: 128.

[34] 陈晴. 清末民初新式体育的传入与嬗变 [M]. 武汉: 华中师范大学出版社, 2007: 23.

[35] 容闳著, 徐凤石, 恽铁樵译. 西学东渐记 [M]. 长沙: 湖南人民出版社, 1981.

[36] 苏云峰. 三（两）江师范学堂: 南京大学的前身, 1903—1911 [M]. 南京: 南京大学出版社, 2002.

[37]《南大百年实录》编写组. 南大百年实录: 中央大学史料选（上卷）[M]. 南京: 南京大学出版社, 2002.

［38］储志东．百年南师 百年体育［M］．南京：南京师范大学出版社，2016．
［39］南京市地方志编纂委员会．南京体育志［M］．北京：方志出版社，2002：261．
［40］顾长声．传教士与近代中国［M］．上海：上海人民出版社，1981．
［41］孙海英．金陵百屋房：金陵女子大学［M］．石家庄：河北教育出版社，2004：8．
［42］王国平．东吴大学简史［M］． 苏州：苏州大学出版社，2009．
［43］张连红．金陵女子大学校史［M］．南京：江苏人民出版社，2005：139．
［44］叶维丽著，周子平译．为中国寻找现代之路：中国留学生在美国（1900—1927）［M］．北京：北京大学出版社，2017．
［45］钱钢，胡劲草．大清留美幼童记［M］．北京：当代中国出版社，2010．
［46］郎净．近代体育在上海［M］．上海：上海社会科学院出版社，2006：109．
［47］刘学民．朱德的非常之路［M］．北京：人民出版社，2001．
［48］柳芳．胡适教育文选［M］．北京：开明出版社，1992：156．
［49］现代汉语辞海编委会．辞海第5卷［M］．延吉：延边人民出版社，2002：1729．
［50］中共中央马克思恩格斯列宁斯大林著作编译局．马克思恩格斯选集（第二卷）［M］．北京：人民出版社，2012：2．
［51］清华大学《马约翰纪念文集》编辑组．马约翰纪念文集［M］．北京：中国文史出版社，1998：21．
［52］陶成章．浙案纪略［M］．各省书坊，民国五年（1916年）．

[53] 中国人民政治协商会议全国委员会文史资料研究委员会. 辛亥革命回忆录(第四集)[M]. 北京：文史资料出版社，1963：143–149.

[54] 许美德. 中外比较教育史 [M]. 上海：上海人民出版社，1990：104–105.

[55] 清华大学校史编写组. 清华大学校史稿 [M]. 北京：中华书局，1981：68.

[56] 罗荣渠，牛大勇. 中国现代化历程的探索 [M]. 北京：北京大学出版社，1992：210.

[57] 曲士培. 抗日战争时期解放区高等教育 [M]. 北京：北京大学出版社，2005.

[58] 中共中央毛泽东选集出版委员会. 毛泽东选集（第二卷）[M]. 北京：人民出版社，1991.

[59] 陈平原. 中国现代学术之建立：以章太炎、胡适之为中心 [M]. 北京：北京大学出版社，1998.

[60] 罗伯特 • M. 赫钦斯著，汪利兵译. 美国高等教育 [M]. 杭州：浙江教育出版社，2001.

[61] 全国图书馆文献缩微复制中心. 民国体育期刊文献汇编 [Z]. 北京：全国图书馆文献缩微复制中心，2006.

[62] 王凯珍，刘海元. 我国高等体育教育专业及课程设置历史回顾与展望 [A]. 第七届全国体育科学大会论文摘要汇编（一）. 中国体育科学学会：中国体育科学学会，2004：2.

[63] 程文广. 近代以来中国体育思想及体育教育发展研究 [D]. 北京：北京体育大学，2006.

[64] 刘鹏. 从南高师到南师大：体育专业教育的历史演变 [D]. 南京：南京师范大学，2008：1.

［65］方家峰．中国近代高等工业教育研究（1840—1927）［D］．保定：河北大学，2011．
［66］李青山．中国近代（1840—1949 年）兽医高等教育溯源及发展［D］．北京：中国农业大学，2015：88．
［67］周文佳．北洋政府时期高等教育政策研究［D］．保定：河北大学，2013：3．
［68］徐振岐．民国时期黑龙江高等教育述论［D］．长春：吉林大学，2013：3-4．
［69］荀渊．中国高等教育从传统向现代的转型——对 1901—1936 年间中国高等教育变革的考察［D］．上海：华东师范大学，2002：12-13．
［70］王言法．近代中国高等教育与社会的嬗变［D］．济南：山东大学，2011：16．
［71］曹海信．近代中国体育专业课程设置体系的历史变革及启示［D］．西安：陕西师范大学，2007．
［72］武权．民国时期的学校体育制度研究［D］．苏州：苏州大学，2011．
［73］陈妙玲．中国高等教育管理体制的近代化［D］．兰州：西北师范大学，2002：5-20．
［74］赵卓．中国近代体育制度发展研究［D］．北京：北京体育大学，2011．
［75］彭伟家．近代以来学校体育思想的演变对体育课程影响的研究［D］．长沙：湖南师范大学，2010．
［76］罗媛媛．1903—1949 年四川体育专门学校研究［D］．成都：成都体育学院，2013：7．
［77］范叶飞．湖南省普通高校体育专业教育发展史研究［D］．长沙：

湖南师范大学，2006.
[78] 申绥改. 论抗日民主根据地高等教育的特点和地位［D］. 武汉：华中师范大学，2003：14.
[79] 徐海宁. 中国近代教会女子大学办学研究——以金陵女子大学为个案［D］. 南京：南京师范大学，2008：138.
[80] 王华倬. 论我国近现代中小学体育课程的发展演变及其历史经验［D］. 北京：北京体育大学，2003.
[81] 彭建军. 新中国高等体育专业教育制度的形成与变迁［D］. 武汉：武汉体育学院，2010.
[82] 许兆萍. 近代东北地区学校体育发展研究：1906—1931——以《盛京时报》为中心［D］. 沈阳：东北师范大学，2009.
[83] 张莹. 清末民初京津地区的学校体育教育［D］. 天津：天津师范大学，2016.
[84] 刘敬坤，徐宏. 中国近代高等教育发展历程回顾（上）［J］. 东南大学学报（哲学社会科学版），2004，6（1）：114-119.
[85] 刘敬坤，徐宏. 中国近代高等教育发展历程回顾（下）［J］. 东南大学学报（哲学社会科学版），2004，6（2）：115-121.
[86] 王璞，洪雪. 近代中国高等师范教育改革及其特征研究［J］. 教师教育论坛，2016，29（7）：85.
[87] 朱智斌，赵倩. 论中国近代高等师范学校教育类课程的演变［J］. 当代教师教育，2015，8（1）：63.
[88] 别必亮. 1902—1929 年中国高等教育发展述评［J］. 西南师范大学学报（哲学社会科学版），1994（3）：35-36.
[89] 夏金元. 近现代中国高等教育的嬗变［J］. 辽宁师范大学学报（社会科学版），2004，27（6）：76-78.

[90] 赵哲，宋丹，楚旋. 我国近代高等教育发展模式：三次转型与自觉探索 [J]. 南昌大学学报（人文社会科学版），2015，46（4）：121-126.

[91] 王杰. 北洋大学堂与中国近代高等教育的缘起[J]. 高教探索，2008（6）：74.

[92] 宋秀方. 北洋军阀统治时期的高等教育 [J]. 郑州航空工业管理学院学报（社会科学版），2012，31（5）：74-78.

[93] 夏金元，梁仕新，赵艳青. 中国近代高等教育课程体系的形成[J]. 郧阳师范高等专科学校学报，2004，24（5）：119-121.

[94] 夏金元. 洋务维新时期高等教育教学内容的嬗变 [J]. 郧阳师范高等专科学校学报，2002，22（5）：98-101.

[95] 程良龙. 中国近代高等教育人才培养观的演变与启示 [J]. 现代教育管理，2011（11）：15-18.

[96] 瞿振元. 高等教育强国：本质、要素与实现途径 [J]. 中国高教研究，2013（3）：2-3.

[97] 袁相碗. 试论构建高等教育体系的基本要素 [J]. 江苏高教，1997（1）：3.

[98] 王继娜. 近代我国学校体育思想的回顾与展望[J]. 体育科学研究，2016，20（1）：9-13.

[99] 谭博. 近代以来我国学校体育指导思想的变迁[J]. 体育文化导刊，2016（1）：177-178.

[100] 张兆才，谭震皖，洪卫星. 近代以来中国学校体育思想的历史演进 [J]. 成都体育学院学报，2005，31（2）：115-117.

[101] 周丛改. 影响我国近代学校体育发展的几种社会思潮 [J]. 北京体育大学学报，2014，37（1）：105-108.

［102］潘丽霞，孔令鹤．试论近代两种教育思想对我国学校体操发展的影响［J］．山东体育科技，1999，21（3）：102-103．

［103］程文广．试论近代以来体育思想的核心价值观对中国体育教育的影响［J］．沈阳体育学院学报，2006，25（1）：11-14．

［104］朱业成．近代学制变革对中国学校体育发展的影响［J］．南京体育学院学报（自然科学版），2016，15（1）：118-122．

［105］席亚健，张延．《壬戌学制》与中国近代学校体育发展［J］．军事体育进修学院学报，2011，30（4）：9-11．

［106］闫静，仇军．近代我国学校体育制度变迁过程探析［J］．沈阳体育学院学报，2016，35（4）：7-12．

［107］刘欣．天津近代学校体育教育发展及其借鉴［J］．天津大学学报（社会科学版），2015，17（1）：86-89．

［108］贺春亮．试论近代苏州的学校体育［J］．体育文化导刊，2014（4）：179-181．

［109］朱娜．近代中国女子体育教育研究［J］．体育文化导刊，2016（8）：174-177．

［110］梁向武．清末民初我国体育留学生的历史考察［J］．广州体育学院学报，2008，28（6）：50-53．

［111］张宝强．体育专业留学生与中国近代学校体育发展研究［J］．南京体育学院学报（自然科学版），2013，12（5）：134-137．

［112］张永广．基督教学校与近代中国体育教育［J］．武汉体育学院学报，2006，40（11）：88-91．

［113］李雪峰，钱来．教会大学与中国近代大学体育教育［J］．体育科学研究，2014，18（4）：87-89．

［114］张芳，阎智力．论近代我国体育课程的发展［J］．体育文化导刊，

2010（10）：137–141.
［115］邓凤莲. 中国近代学校体育课程与教学探渊［J］. 浙江体育科学，2008，30（4）：91–94.
［116］邓凤莲，杨辉. 中国近代学校体育课程与教学沿革回望［J］. 教学与管理，2008（27）：64–65.
［117］熊焰. 近代中国体育教育专业培养目标与课程设置的历史特征［J］. 荆州师范学院学报，2003，26（5）：99–101.
［118］蒲鸿春. 近代我国体育师资教育回溯［J］. 体育文化导刊，2016（4）：171–176.
［119］金慧侠，许家成. 论金陵女子大学的体育教育［J］. 兰台世界，2015（19）：120–121.
［120］刘春燕，谭华. 日本近代学校体育的基石——体操传习所［J］. 体育学刊，2014，21（2）：104–108.
［121］何睦. 北洋大学与近代体育［J］. 天津大学学报（社会科学版），2010，12（1）：75–78.
［122］吴洪成，彭泽平. 试论五四时期的科学教育思潮［J］. 西南师范大学学报（哲学社会科学版），1999（2）.
［123］吴洪成. 传教士与中国教育的近代化［J］. 高等师范教育研究，1997（2）.
［124］唐铁寒. 探源我国近代高等教育的萌芽与发展［J］. 兰台世界，2011（1）：51–52.
［125］宗树兴，周文佳. 民初高等专门学校向专科学校的嬗变［J］. 河北师范大学学报（教育科学版），2014，16（4）：84–86.
［126］敬文正，许长青. 对高等学校办学质量与效益的思考［J］. 高等教育研究，2002，18（4）：33.

[127] 李峻. 论高等教育的独立性 [J]. 复旦教育论坛，2007，5（4）：37.

[128] 张亚群. 中国近代高等教育的外来性与本土化 [J]. 大连大学学报，2008（1）：17.

[129] 龚祖文，李远和，周炳球，等. 高等教育运行的动力机制 [J]. 高等教育研究，1989（2）.

[130] 娄春风. 中国人体育认知的发展变化对体育教育影响的探析 [J]. 河北体育学院学报，2009，23（4）：43.

[131] 熊明安. 民国时期私立高等教育的简要评述 [J]. 北京大学教育评论，2003，1（3）：106.

[132] 付燕鸿. 中国近代高等教育发展的历程及启示 [J]. 考试与招生，2010（3）：57–59.

[133] 刘献君，房保俊. 近代中国高等教育理念的变迁及启示 [J]. 中国高教研究，2009（9）：12.

[134] 曲铁华，李娟. 中国近代高等教育的发展演变及反思 [J]. 河北师范大学学报（教育科学版），2003，5（2）：45–50.

[135] 易春燕. 中国近代小学体育教育的发展演变 [J]. 史学月刊，2011（10）：131–133.

[136] 周志刚. 试论 1904—1936 年我国私立中学体育教育 [J]. 体育文化导刊，2010（11）：126–129.

[137] 秦海生. 近代我国高等学校体育发展研究 [J]. 体育文化导刊，2014（11）：123–126.

[138] 吴春雨. 我国近代女子学校体育教育探析 [J]. 体育文化导刊，2015（5）：183–186.

[139] 刘春燕，谭华. 明治时期日本学校体育的军国主义倾向 [J]. 武

汉体育学院学报，2014，48（4）：38-43.

[140] 党跃武，陈光复，陈玉峰. 从档案史料看在四川大学的朱德[J]. 军事历史研究，2011（3）：156-162.

[141] 马进，田雨普. 麦克乐对中国近代体育的推广及其历史贡献之研究 [J]. 南京体育学院学报（社会科学版），2009，23（3）：73.

[142] 李期耀. 论中国高等体育师范教育的起源 [J]. 北京体育大学学报，2015，38（3）：97.

[143] 律海涛. 论程登科的民族体育思想 [J]. 湖南科技大学学报（社会科学版），2011，14（2）：139.

[144] 徐艳妮，郑风. 抗战期间中共在陕北推行高等教育研究 [J]. 党史文苑，2015（14）：21-23.

[145] 孔寒冰，邹碧金，王沛民. 高等学校学术结构重建的动因探析 [J]. 清华大学教育研究，2001（2）：79.

[146] 陈磊，宋燕. 近代中国体育学科的发展：基于学科规训理论视野的考察 [J]. 浙江体育科学，2014，36（2）：83.

附　　录

访谈提纲

1．您认为当代高等体育教育发展存在哪些问题？

2．您认为对近代高等体育教育发展历程的研究对于当代高等体育教育发展的意义与价值何在？

3．您对本书研究思路有何建议？

4．您认为本研究可能遇到的困难及解决办法是什么？

5．您认为对于近代高等体育教育的发展历程应当如何划分历史阶段及这样划分的原因是什么？

6．您认为具体每一个阶段的横向研究应该包含哪些方面？

7．您对近代高等体育教育发展历程相关史料的收集有哪些建议？

8．您对近代高等体育教育发展历程有怎样的评价？

后　记

近代中国高等体育教育的发展经历了四个阶段。第一，近代中国高等体育教育发展的萌芽时期（1840—1911 年），该阶段体育专业教育发展的特点包括办学力量多元、教育层次模糊、课程师资仿日和学生二重使命等，在改造传统社会陋习、培育革命武装力量及传播革命进步思想等方面发挥了重要作用。培养体育师资，帮助近代体育从军队走向学校和社会，唤醒了人们体育认识上的觉醒，使“重文轻武”的社会风气有了一定的转变，为近代中国高等体育教育的建立奠定了基础。第二，近代中国高等体育教育发展的探索时期（1912—1926 年），该阶段高等体育教育发展的特点包括办学数量增加、类型多元，办学宗旨得以拓展、注重但不局限于培养体育师资，课程设置向学术并重转变，办学简陋，管理混乱，质量参差不齐，等等。其历史意义在于培养出第一批高级体育专门人才，成为我国近代体育事业发展的开拓者和中坚力量，从而间接推动社会的发展；引入和传播自然主义思想，使人们的体育观念发生了变化；逐渐丰富的体育理论与课程使其发展成一门独立的门类成为可能。第三，近代中国高等体育教育发展的成熟时期（1927—1936 年），该阶段的特点就是高等体育教育结构与运行机制相对成熟。其历史意义在于承担起国家体育建设的使命，有效发挥了高等体育教育专家智库的独特作用；确定了以“促进人的全面发展”为宗旨的高等体育教育思想，以体育科、系的发展带动公共体育教育的发展，在一定程度上推动了我国高等体育教育思想与世界的接轨；高等体育教育在之后的发展都可以从这一时期找到一些依据或者踪迹，其中很多原则和规范符合现代高等体育教育的发展方向。第四，近代中国高等体育教育发展的困难时期（1937—1949年），该阶段高等体育教育发展产生分化，国统区高等体育教育的特点包括办学规模相对扩大、办学质量相对较高和以培养急缺的体育师资为主要目标；根据地高等体育教育的特点包括以培养体育干部为宗旨、教育与实际相结合和办学条件十分艰苦等。其历史意义在于内迁高校帮助落后地区发展体育，增强落后地区人民的体魄、振奋其精神，为抗日战争的胜利做出重要贡献；特殊时期的办学理念及精神对于中国社会主义建设来说更为宝贵，这一时期的很多体育学校、科、系还成为中华人民共和国成立初期高等体育教育的重要力量。

中国高等体育教育从萌芽到发展已有百余年的历史，在中华人民共和国成立后经历了半个多世纪的发展，本书仅仅对近代时期高等体育教育发展历程进行了研究并总结其变迁规律，那么抛开近代时期的时空限制，在更高的历史高度上来审视中国高等体育教育的发展历程，这种规律是否仍然具有延续性、是否产生突破、有哪些新的困难与启示等，是本研究今后仍然需要努力的方向。

中国高等体育教育在近代时期经历了从仿日到仿美的变化，虽然本书没有对中华人民共和国成立后高等体育教育的发展历程进行研究，但通过查阅文献我们了解到中华人民共和国成立后高等体育教育还经历了模仿苏联的阶段。本书仅仅是进行了一些文字表述，对日本、美国等发达国家高等体育教育究竟是怎样发展变化的没有研究，因而缺乏了同一时期或者整个发展过程的横向比较研究，对发达国家高等体育教育的研究也是未来研究的一个重要方向。

本书在不同发展阶段选择了史料相对较多的高校作为代表，这些学校都是近代高等体育教育发展出色的学校，尽管它们在很大程度上引领了不同时期高等体育教育的发展趋势，但是研究在论证的全面性上有所欠缺。然而随着时间的推移，史料遗失的可能性就更大，因而期望通过本书学界开始对相关史料挖掘引起重视，在各方面比如校史、地方志、考古等研究的共同努力下对近代高等体育教育有关史料的挖掘产生更多的突破，为总结和发现高等体育教育的发展规律提供更丰富的论据。

张艺琼

2020 年 12 月 8 日